SEAMOS PERSONAS DE INFLUENCIA

JOHN C. MAXWELL

JIM DORNAN

GRUPO NELSON
Una división de Thomas Nelson Publishers
Desde 1798

NASHVILLE   DALLAS   MÉXICO DF.   RÍO DE JANEIRO   BEIJING

Título en inglés: *Becoming a Person of Influence*
© 1997 por Maxwell Motivation, Inc., a California Corporation
Publicado por Thomas Nelson, Inc.

Traducción: *Javier Quiñónez Ortiz*
Tipografía: *www.Blomerus.org*

ISBN: 978-0-88113-508-4

Edición revisada por Lidere

www.lidere.org

Impreso en Estados Unidos de América

25 26 QG 14 13

A todos aquellos que influyen en nosotros,
sobre todo a Eric Dornan
cuya vida, experiencias, y actitud
contribuyen de manera muy significativa
a la habilidad que Jim y Nancy
tienen para influir positivamente en la gente.

Contenido

Prefacio

Cuando nos conocimos, hace unos cuantos años, de inmediato sentimos una gran química entre los dos, como la de hermanos. Teníamos mucho en común, pese a provenir de diferentes trasfondos. Jim pasó los últimos treinta años en el ambiente de los negocios enseñando a las personas cómo conseguir éxito. En el proceso, construyó una organización de negocios mundial. Por otra parte, John ha invertido los últimos veintiocho años trabajando con organizaciones sin fines de lucro como pastor, ejecutivo de denominaciones, y conferencista motivador. En Estados Unidos se le reconoce como uno de los principales entrenadores en liderazgo y desarrollo personal.

Lo que tenemos en común es que comprendemos a la gente y el impacto positivo que una persona puede tener en otras. Y todo se resume en una idea: influencia. Conocemos el poder de la influencia, y queremos comunicárselo.

Así que únase a nosotros y continúe leyendo. Le daremos muchos de nuestros conocimientos, le contaremos relatos entretenidos e informativos, y enseñaremos principios dinámicos que tienen el poder de cambiar su vida, y la de aquellos a quienes pueda influir.

Reconocimientos

Estas son personas especiales en nuestras vidas cuyo ánimo y asistencia hicieron posible esta obra:

A Margaret Maxwell, cuyo apoyo positivo facilitó que su esposo se convirtiera en una persona influyente.

A Nancy Dornan, que influye de manera increíble en su esposo, su familia, y cientos de miles de personas alrededor del mundo.

A Mea Brink, por sus ideas y ayuda en este proyecto.

A Stephanie Wetzel, por su trabajo editorial.

A Linda Eggers, la mejor asistente que alguien pueda tener.

A Charlie Wetzel, nuestro escritor, por su aporte a este libro.

Introducción

Cuando usted era niño, ¿qué deseaba ser al crecer? ¿Soñó con ser un famoso actor o cantante? ¿Quería llegar a ser el presidente de su país? Quizás quiso convertirse en un atleta olímpico o una de las personas más adineradas del mundo. Todos tenemos sueños y ambiciones. Sin duda, alcanzó algunas de las suyas. No obstante, sin importar cuánto éxito tenga ahora, todavía tiene metas y sueños por cumplir. Y nuestro deseo es ayudarlo a realizar esos sueños para que desarrolle su potencial.

Comencemos realizando un pequeño experimento. Observe la siguiente lista de personas. Es un grupo bastante diverso, pero todos tienen algo en común. Veamos si puede averiguar lo que es.

JOHN GRISHAM

GEORGE GALLUP

ROBERT E. LEE

DENNIS RODMAN

JAMES DOBSON

DAN RATHER

MADONNA

HIDEO NOMO

JERRY Y PATTY BEAUMONT

RICH DEVOS

MADRE TERESA

BETH MEYERS

PABLO PICASSO

ADOLFO HITLER

TIGER WOODS

ANTHONY BONACOURSI

ALANIS MORRISETTE

GLENN LEATHERWOOD

BILL CLINTON
JOHN WESLEY
ARNOLD SCHWARZENEGGER

La influencia no nos llega
instantáneamente.
Crece por etapas.

¿Sabe qué es? ¿Qué tienen en común? No son sus profesiones, ciertamente. Los nombres provienen de listas de escritores y políticos, figuras del deporte y artistas, evangelistas y dictadores, actores y empresarios profesionales. Se incluyeron hombres y mujeres. Algunos son solteros y otros casados. Tienen edades diferentes. Y representan muchas etnias y nacionalidades. Algunas de esas personas son famosas, quizá reconozca sus nombres. Pero, indudablemente jamás escuchó otros. Entonces, ¿cuál es la clave? ¿Qué tienen en común? La respuesta es que *cada uno de ellos es una persona influyente*.

TODO EL MUNDO ES INFLUYENTE

Creamos esta lista casi al azar, seleccionando personas conocidas así como algunos cercanos a nosotros. Usted podría hacer lo mismo con facilidad. Lo hicimos para ilustrar un punto: Todo el mundo influye en otras personas. No importa quién o cuál es su trabajo. Un político, como el presidente de Estados Unidos, tiene tremenda influencia en cientos de millones de personas, no sólo en este país sino alrededor del mundo. Y los artistas populares, como Madonna y Arnold Schwarzenegger, muchas veces influyen en toda una generación de personas en una o más culturas. Una maestra, como Glenn Leatherwood, que instruyó a John y a cientos de otros niños en la escuela dominical, impactó las vidas de sus estudiantes y también influyó indirectamente en todas las personas que esos niños llegaron a influir.

Sin embargo, uno no tiene que ser importante para ser una persona influyente. Es más, si su vida se vincula de alguna manera con otras personas, usted influye. Todo lo que hace en el hogar, la iglesia, su trabajo, o en el campo de pelota afecta las vidas de otras personas. El filósofo y poeta estadounidense Ralph Waldo Emerson dijo: «Cada hombre es un héroe y un oráculo para alguien, y para esa persona, lo que diga tiene valor adicional».

Si desea tener éxito o afectar positivamente a nuestro mundo, necesita ser una persona influyente. Sin la influencia, no hay éxito. Por ejemplo, si es un vendedor que desea vender más productos, necesita poder influir en sus clientes. Si es gerente, su éxito depende de la habilidad para influir en sus empleados. Si es entrenador, sólo puede organizar un equipo ganador influyendo en sus jugadores. Si es pastor, su habilidad de alcanzar personas y hacer que su iglesia crezca depende de su influencia en la congregación. Si desea criar una familia fuerte y saludable, tiene que influir en sus niños de manera positiva. No importa cuáles sean sus metas en la vida, puede ser más efectivo, y su contribución puede ser más duradera si aprende a convertirse en una persona influyente.

*Si su vida se vincula de
alguna manera con otras personas,
usted influye.*

Un relato divertido acerca del impacto de la influencia nos llega del gobierno del presidente Calvin Coolidge. Un huésped de la Casa Blanca desayunaba con Coolidge cierta mañana; deseaba darle una buena impresión al presidente. Notó que Coolidge, a quien le sirvieron el café, agarró la taza, vertió parte de su contenido en un platillo hondo, y calmadamente le añadió un poco de crema y azúcar. Como no deseaba violar ninguna regla de etiqueta, el visitante siguió el ejemplo del comandante en jefe: derramó parte de su café en su platillo, y le añadió crema y azúcar. Luego esperó que el presidente hiciera su próxima movida. Se horrorizó cuando vio poner el platillo en el suelo para el gato. Nadie informó qué hizo el visitante después.

SU INFLUENCIA NO ES IGUAL CON TODAS LAS PERSONAS

La influencia es algo curioso. Aunque impactamos a casi todos los que nos rodean, no tenemos el mismo nivel con todas las personas. Para ver este principio en acción, trate de ordenarle algo al perro de su mejor amigo la próxima vez que lo visite.

Quizás no haya pensado mucho en ello, pero tal vez sepa instintivamente a cuáles personas influye mucho y a cuáles no. Por ejemplo, piense en cuatro o cinco personas con las que trabaja. Cuando les presenta una idea o una sugerencia, ¿responden todas de la misma manera? Por supuesto que no. Una podría pensar que todas sus ideas son inspiradas.

Otra podría percibir todo lo que usted dice con escepticismo. (No hay duda de que puede identificarse con la persona a quien influye.) Pero a esa misma persona escéptica le podría encantar cada idea presentada por su jefe o uno de sus colegas. Eso simplemente muestra que su influencia con ella podría no ser tan fuerte como con otra.

Una vez que empiece a prestarle más atención a las respuestas de las personas hacia usted y hacia los demás, verá que responden según su nivel de influencia. Y reconocerá, rápidamente, cuánta influencia ejerce con ciertas personas en su vida. Hasta podría notar que su influencia tiene niveles diferentes en su hogar. Si está casado y tiene dos o más hijos, piense en cómo interactúan con usted. Un hijo podrá responderle especialmente bien, mientras que otro lo hace mejor con su cónyuge. El asunto es cuál padre tiene más influencia en el hijo.

Etapas de la Influencia
y su Impacto

Si lee el libro de John, *Desarrolle el líder que está en usted*, tal vez recuerde la descripción de los cinco niveles de liderazgo que aparece en el capítulo 1. Imagíneselo así:

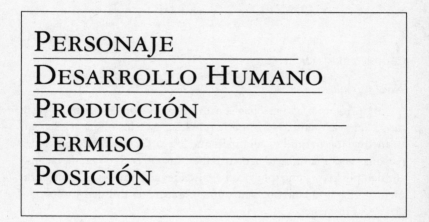

PERSONAJE
DESARROLLO HUMANO
PRODUCCIÓN
PERMISO
POSICIÓN

El liderazgo (un uso específico de la influencia) alcanza su nivel más bajo cuando sólo se basa en la posición. Aumenta, y alcanza un nivel más alto, a medida que desarrolla relaciones con los demás. Es ahí cuando ellos le permiten dirigir más allá de los límites de su descripción laboral. A medida que usted y sus seguidores sean más productivos en su trabajo, su liderazgo avanzará al nivel 3. Y cuando empiece a desarrollar a las personas y ayudarlas a alcanzar su potencial, su liderazgo se moverá al nivel 4. Sólo unos pocos alcanzan el nivel 5 ya que requiere que la persona se pase toda una vida desarrollando a otros hasta lo sumo de su potencial.[1]

La influencia opera de manera parecida. No nos llega instantáneamente. Al contrario, crece por etapas. Imagíneselo, más o menos, así:

MULTIPLICACIÓN
MENTOR
MOTIVACIÓN
MODELO

Consideremos cada nivel:

Nivel 1: Modelo

Al principio las personas son influidas por lo que ven. Si tiene niños, tal vez lo note. No importa qué les diga a los niños que hagan, su inclinación natural es seguir lo que lo *ven hacer*. La mayoría de las personas verán la influencia de usted en sus vidas si lo perciben como alguien positivo, confiable y con cualidades admirables. Al conocerlo mejor, si les agrada lo que ven, aumentará su credibilidad y el potencial de su influencia.

Cuando conoce a las personas, inicialmente carece de influencia sobre ellas. Si las conoce a través de alguien en quien confían y habla bien de usted, puede «tomar prestada» parte de la influencia de esa persona. Ellas supondrán que se puede creer en usted hasta que lo conozcan mejor. Pero tan pronto como tengan la oportunidad de observarlo, las acciones suyas edificarán o destruirán esa influencia.

Una excepción interesante a este proceso, ser modelo, sucede en el caso de las personalidades. Debido a su obsesión con la televisión, las películas, y los medios, muchos son influidos fuertemente por personas que jamás han conocido. Casi nunca lo son por el individuo mismo, sino por la imagen de esa persona, y es probable que esa no sea una representación exacta del artista, político, deportista o animador. Sin embargo, admiran a ese sujeto y son influidos por las acciones y las actitudes que creen representadas en él.

Uno puede ser un modelo para las masas,
pero para alcanzar los niveles más altos de
influencia, hay que trabajar con individuos.

Nivel 2: Motivación

Ser modelo puede ser una influencia poderosa, positiva o negativamente. Incluso es algo que puede hacerse a la distancia. Pero si en verdad desea impactar significativamente las vidas de otras personas, tiene que hacerlo de cerca. Eso lo lleva al segundo nivel de influencia: la motivación.

Uno se convierte en motivador influyente cuando anima a las personas y se comunica con ellas a nivel emocional. El proceso hace dos cosas: (1) Crea un puente entre usted y ellos, y (2) edifica su confianza y sentido de dignidad. Cuando los individuos se sienten a gusto con usted y consigo mismos durante los momentos en que lo acompañan, su nivel de influencia aumenta de modo significativo.

Nivel 3: Mentor

Cuando usted alcanza un nivel de motivación que influye en otros, puede comenzar a ver un impacto positivo en sus vidas. Para aumentar ese impacto y hacerlo duradero, tiene que avanzar al próximo nivel de influencia: ser un mentor.

Ser mentor es derramar su vida en otras personas y ayudarlas a alcanzar su potencial. El poder de un mentor es tan fuerte que uno realmente puede ver cambiar la vida de aquellos en quienes influye ante sus propios ojos. A medida que se entrega, ayudándolos a vencer obstáculos en sus vidas y mostrándoles cómo crecer personal y profesionalmente, puede ayudarlos a alcanzar todo un nuevo nivel de vida. Usted, verdaderamente, puede marcar la diferencia en sus vidas.

Nivel 4: Multiplicación

El nivel más alto de influencia que puede tener en las vidas ajenas es el de multiplicación. Como multiplicador de su influencia, puede ayudar a las personas a quienes influye a convertirse en influyentes positivos en las vidas de otros y legar no sólo lo que recibieron de parte suya, sino también lo que aprendieron y cosecharon por cuenta propia. Pocas personas llegan al cuarto nivel de influencia, pero todos tienen el potencial para hacerlo. Requiere abnegación, generosidad, y compromiso. También toma tiempo. Para avanzar a otro nivel de influencia con las personas, hay que prestarles más atención individual. Puede ser un modelo para las masas, pero para alcanzar los niveles más altos de influencia, tiene que trabajar con individuos.

Bill Westafer, un amigo de John, que anteriormente trabajaba en la Iglesia Skyline, en San Diego, observó: «Hay personas cuyos sentimientos y bienestar yacen dentro del campo de mi influencia. Jamás escaparé a eso». Es un buen concepto que todos debemos recordar. Si dirige a muchas personas o tiene una posición de envergadura, el aumento de su influencia le otorga más responsabilidad. Lo que dice, y, más importante aun, lo que hace, es un modelo para los que le siguen. Sus acciones reflejarán su influencia.

SU INFLUENCIA ES
POSITIVA O NEGATIVA

Ahora que reconoce su influencia en los demás, debe pensar cómo usarla. Probablemente se percató de que Dennis Rodman, el jugador profesional de básquetbol, estaba en la lista de personas influyentes al comienzo de esta introducción. Muchas veces hemos oído a Dennis Rodman decir que no desea ser un modelo. Simplemente desea ser él mismo. Dennis no entiende (o rehúsa reconocer) que ya es un modelo. No lo puede rechazar. Es un ejemplo para todos entre su familia, sus vecinos, y las personas en la tienda del vecindario donde compra. Por la profesión que eligió, es modelo para millones de personas; influye en más gente que si hubiera elegido ser mecánico automotriz, por ejemplo. Influye en otros, y eligió la clase de influencia que tiene.

***Aunque usted haya tenido un efecto
negativo en los demás, puede
cambiar eso y hacer que su impacto
sea positivo.***

La leyenda del béisbol, Jackie Robinson, señaló: «Una vida no es significativa excepto por su impacto en otras vidas». El impacto de Robinson en las personas en Estados Unidos fue increíble. A mediados de los cuarenta, se convirtió en el primer atleta afroamericano en jugar en el béisbol de las grandes ligas a pesar del prejuicio, las burlas raciales, el abuso, y las amenazas de muerte. Y lo hizo con carácter y dignidad. Brad Herzog, autor de *The Sports 100* [Los 100 del deporte], identificó a Robinson como la persona más influyente en la historia deportiva estadounidense:

Primero, están los que cambiaron la manera en que se jugaba… Luego están los hombres y mujeres cuya presencia y trayectoria alteraron fundamental y permanentemente el escenario deportivo… Y, por último, el puñado de figuras deportivas cuya influencia transcendió los campos de juego e impactó la cultura estadounidense… Robinson, más que nadie, era los tres tipos en uno.[2]

Martin Luther King, uno de los estadounidenses más influyentes del siglo veinte, reconoció el impacto positivo que hizo Jackie Robinson en su vida y la causa por la que luchó. King le dijo al pionero del béisbol, Don Newcombe: «Jamás sabrán lo que usted, Jackie y Roy [Campanella] hicieron para facilitar mi trabajo».

La mayoría del tiempo reconocemos la influencia que tenemos en los seres más cercanos a nuestras vidas, para bien o para mal. Pero a veces ignoramos el impacto que podemos tener en otras personas a nuestro alrededor. El autor anónimo de este poema tal vez pensaba en eso al escribir:

Mi vida tocará docenas de vidas antes de que termine este día,
Dejará innumerables marcas para bien o para mal antes que el sol se
ponga,
Este es el deseo que siempre anhelé, la oración que siempre oré;
Señor, que mi vida ayude a otras vidas que toque por el camino.

A medida que interactúe hoy con su familia, sus compañeros de trabajo, y el empleado de la tienda, reconozca que su vida toca a muchas otras. Ciertamente, su influencia en los familiares es mayor que en los extraños que conoce. Y de tener una ocupación relevante, influye en personas desconocidas. Pero usted impacta aun en sus interacciones diarias con las personas. Puede hacer que los pocos momentos en los que interactúa con un dependiente de una tienda o un cajero en un banco sean una experiencia miserable, o puede hacer que sonrían y alegrar su día. La elección es suya.

LOS QUE INFLUYEN POSITIVAMENTE AÑADEN VALOR A OTRAS PERSONAS

A medida que escala los niveles de influencia superiores y llega a influir activamente, puede comenzar a afectar positivamente a las personas y añadir valor a sus vidas. Eso aplica a cualquiera que influya en forma positiva. La niñera que le lee al niño lo motiva a amar los libros y lo ayuda a convertirse en un estudiante constante. La maestra que pone su fe, confianza, y amor en una niñita, la ayuda a sentirse valiosa y bien consigo misma. El jefe que delega tareas a sus empleados y les da autoridad, así como responsabilidad, amplía sus horizontes y los fortalece para que lleguen a ser mejores trabajadores y personas. Los padres que saben cómo y cuándo hacerles gracia a sus niños los ayudan a permanecer receptivos y comunicativos, aun durante los años previos a la adolescencia. Todas estas personas añaden valor duradero a las vidas de otros.

No sabemos qué clase de influencia tenga en otros ahora, al leer este libro. Sus acciones podrían tocar la vida de miles de personas, o podría influir a dos o tres compañeros de trabajo y familiares. La cantidad de personas no es lo más relevante. Es muy importante que recuerde que su nivel de influencia no es estático. Aunque haya impactado negativamente a otros en el pasado, puede cambiar eso y hacer que su impacto sea positivo. Si hasta ahora su nivel de influencia fue relativamente bajo, puede aumentarlo y convertirse en alguien influyente que ayuda a los demás.

En efecto, de eso se trata este libro. Queremos ayudarle a convertirse en una persona muy influyente, sin importar en qué etapa de la vida esté o qué haga para ganarse la vida. Puede tener un impacto increíblemente bueno en la vida de otros. Puede añadir tremendo valor a sus vidas.

¿QUIÉN ESTÁ EN LA LISTA DE INFLUENCIA?

Todos deberían sentarse y hacer una lista de las personas que añadieron valor a su vida. Dijimos que la lista al principio de esta introducción contiene los nombres de algunas personas que nos influyen. Algunos de los nombres son grandes. Por ejemplo, John considera al evangelista del siglo dieciocho, John Wesley, como una influencia significativa en su vida y profesión. Wesley fue un líder dinámico, predicador y crítico social. Durante su vida, trastocó la iglesia cristiana en Inglaterra y Estados Unidos, y hoy sus pensamientos y enseñanzas siguen influyendo el funcionamiento de las iglesias y las creencias de los cristianos. John considera que Wesley es la persona más grande que haya vivido desde el apóstol Pablo.

Otras personas mencionadas en esa lista no son muy conocidas, pero eso no desmerece en manera alguna su nivel de influencia. Por ejemplo, Jerry y Patty Beaumont tuvieron un profundo impacto en la vida de Jim y su esposa, Nancy. He aquí su historia:

Nancy y yo conocimos por primera vez a Jerry y a Patty hace casi veinticinco años, cuando Nancy y Patty estaban embarazadas. Los Beaumont eran una pareja con clase, realmente confiados e inteligentes. Nos sentimos atraídos a ellos de inmediato porque parecía que en realidad llevaban sus vidas de manera ordenada, y observamos que vivían sus fuertes convicciones espirituales con integridad y coherencia.

Nancy conoció a Patty un día mientras estaban en la sala de espera del ginecólogo. Se llevaron bien de inmediato y comenzaron a entablar una relación. No teníamos idea alguna de cuán importante sería su amistad para nosotros unos cuantos meses después al alterarse nuestras vidas.

Ahora Nancy y yo recordamos esos días como un buen tiempo. Nuestra hija, Heather, tenía cinco años, y realmente la disfrutábamos. Apenas empezábamos a levantar nuestro negocio. Requería mucho tiempo y energía para iniciarlo, pero era divertido. Comenzábamos a ver que toda nuestra obra pagaría en el futuro.

Cuando Nancy me dijo que estaba embarazada, me alegré. Implicaba que nuestra pequeña familia crecía; esperábamos que nuestra segunda criatura fuera un niño.

Después de los nueve meses rutinarios de embarazo, Nancy dio a luz a nuestro primer hijo varón, Eric. Al principio todo parecía normal. Pero pocas horas después, los médicos descubrieron que había nacido con algunos problemas físicos muy serios. Su espalda estaba abierta y su espina dorsal no se formó bien. Nos dijeron que tenía una condición llamada espina bífida. Para empeorar las cosas, su líquido cefalorraquídeo se infectó durante el nacimiento, así que sufría una meningitis severa en todo su sistema.

Nuestra vida completa pareció lanzada al caos. Después de las dolorosas horas de parto de Nancy, estábamos agotados y confundidos. Nos dijeron que Eric necesitaba cirugía cerebral, y teníamos que tomar la decisión en ese momento. Sin ella, no tenía oportunidad alguna. Aun realizándola, las cosas no se veían bien. Lloramos mientras se preparaban para llevarse a nuestro niño, que sólo tenía unas horas de nacido, y transportarlo al Hospital Infantil para una operación de emergencia. Lo único que podíamos hacer era orar para que saliera bien.

Esperamos horas, los médicos al fin salieron y nos dijeron que Eric viviría. Nos estremecimos al verlo después de la cirugía. Nos preguntamos cómo alguien tan pequeño podía tener tantos alambres pegados. La incisión en su espalda estaba cerrada, pero podíamos ver que le habían insertado quirúrgicamente un tubo derivado en su cerebro para drenar el exceso de líquido cefalorraquídeo y disminuir la presión.

El primer año de la vida de Eric fue algo confuso para nosotros ya que tenía que entrar repetidamente al Hospital Infantil. En los primeros nueve meses, se sometió a once cirugías adicionales, tres de ellas en un fin de semana. Las cosas pasaban tan rápidamente que estábamos abrumados, y no podíamos entender qué enfrentaríamos en el futuro.

Mientras tratábamos de sobrevivir los viajes a medianoche hasta el hospital y mantenernos bajo el dolor y el temor que sentíamos por Eric, ¿quién cree que venía con nosotros y nos ayudaba cada día? Jerry y Patty Beaumont. Fueron al hospital ese primer día de vida de Eric, y nos consolaron y animaron mientras estaba en la sala de operaciones. Nos brindaron comida y se sentaron conmigo y con Nancy en la sala de espera del hospital. Y mientras tanto nos comunicaban su increíble fe.

Lo más importante fue que nos ayudaron a creer que Dios tenía un plan especial para Eric y nosotros. «Sabes», le dijo Patty a Nancy un día, «tú y Jim pueden convertir los problemas de Eric en el centro de todo lo que hagan, o pueden usarlos como pista de despegue para una nueva manera de ver la vida».

Fue entonces que dimos un giro a nuestras vidas. Comenzamos a mirar más allá de las circunstancias y vimos que había un panorama mayor. Nos percatamos de que Dios tenía un plan para nosotros y para Eric, y nuestra fe nos dio paz y fortaleza. Los Beaumont nos ayudaron a considerar y responder a algunas de las preguntas más importantes de la vida. Desde ese día en adelante, todas nuestras actitudes cambiaron y tuvimos gran esperanza.

Eso fue hace más de dos décadas. Jim y Nancy perdieron el contacto con los Beaumont, aunque trataron de encontrarlos. Ya Eric creció y se mueve bastante bien en su silla de ruedas eléctrica, a pesar de que sufrió un ataque durante una de sus cirugías. Es una constante fuente de gozo, inspiración, y humor para la familia Dornan. Y aunque su contacto con Jerry y Patty Beaumont duró sólo un año, Jim y Nancy reconocen el tremendo valor que les añadieron y aún los consideran como dos de las mayores influencias en sus vidas.

Hoy, Jim y Nancy son personas influyentes. Su negocio se ha expandido a más de veintiséis países alrededor del mundo: desde Europa oriental hasta el Pacífico, desde Brasil y Argentina hasta China. Mediante seminarios, cintas, y videos, impactan a cientos de miles de individuos y familias cada año. Su negocio continúa creciendo, pero para ellos lo más importante es que comunican sus fuertes valores y su fe a personas que influyen. Hacen todo lo que pueden por añadir valor a la vida de todos los que tocan.

Recientemente, John le hablaba a Larry Dobbs. Él es presidente y editor del Dobbs Publishing Group, que produce revistas tales como *Mustang Monthly, Corvette Fever*, y *Musclecar Review*. Hablaron sobre el tema de la influencia, y Larry le expresó algo de su historia: «John, mi papá era labrador, así que jamás tuvimos mucho. Al morir, el único dinero que me dejó fue un dólar. Pero me dio mucho más que eso. Me pasó sus valores». Entonces Larry dijo algo muy significativo: «La única herencia que dejará un hombre con valor eterno es su influencia».

No sabemos exactamente cuál es su sueño en la vida o qué clase de legado desea dejar. No obstante, si desea impactar tendrá que convertirse en una mujer o un hombre capaz de influir en otros. No hay otra manera de tocar las vidas de las personas de manera efectiva. De convertirse en una persona influyente, es posible que algún día cuando otros escriban los nombres de aquellos que hicieron una diferencia en sus vidas, el suyo esté en la lista.

CAPÍTULO 1

Una persona influyente tiene...

INTEGRIDAD CON LAS PERSONAS

MULTIPLICACIÓN

MENTOR

MOTIVACIÓN

MODELO — *Integridad*

Hace unos años, mientras Nancy, mi esposa, y yo estábamos en un viaje de negocios por Europa, celebramos su cumpleaños en Londres. Como regalo, decidí llevarla a la tienda Escada para comprarle uno o dos vestidos.

Se probó algunas cosas y le gustaban todas. Y mientras estaba en el probador tratando de decidir cuál se llevaría, le dije al dependiente que lo envolviera todo. Nancy trató de protestar; se sentía avergonzada por comprar tantas cosas a la vez, pero insistí. Ambos sabíamos que usaríamos bien la ropa. Además, lucía fabulosa en todo.

Un par de días después, tomamos el largo vuelo del Aeropuerto Heathrow, en Londres, al Aeropuerto Internacional de San Francisco. Después de aterrizar, pasamos a la fila para la inevitable inspección de la aduana. Cuando nos preguntaron qué teníamos que declarar, le mencionamos la ropa que compró Nancy y la cantidad que gastamos.

—¿Cómo? —dijo el agente—. ¿Está declarando ropa?

Leyó la cantidad que habíamos escrito y dijo:

—¡Tiene que estar bromeando!

Es cierto que habíamos gastado bastante dinero en ella, pero no creímos que *fuera* tan importante.

—¿De qué está hecha la ropa? —preguntó.

Pareció una pregunta extraña.

—De un montón de cosas diferentes —respondió Nancy—. Lana, algodón, seda. Todo es diferente. Hay vestidos, abrigos, blusas, zapatos, correas, accesorios. ¿Por qué?

—Cada tela tiene un impuesto diferente —dijo él—. Tengo que llamar a mi supervisor. Ni siquiera sé cuáles son las tarifas. Nadie declara ropa.

Estaba frustrado.

—Vamos, saque todo y organícelo según el material.

Al abrir nuestras maletas, se marchó; podíamos oírlo decirle a un compañero de trabajo: «Bobby, no vas a creer esto...»

Debió tomarnos unos cuarenta y cinco minutos organizarlo

todo y calcular cuánto gastamos en cada artículo. La tarifa resultó ser bastante alta, como dos mil dólares. Mientras metíamos todo en nuestras valijas, el agente dijo:

—¿Sabe? Creo que lo conozco. ¿Usted es Jim Dornan?

—Sí —respondí—. Lo siento, pero ¿nos conocemos?

No lo reconocía.

—No —dijo—. Pero tengo un amigo que está en su organización. *Network 21* [Red 21], ¿cierto?

—Así es —dije.

—He visto su foto anteriormente. ¿Sabe? —me dijo el agente—, mi amigo me ha dicho que me beneficiaría uniéndome a su organización. Pero realmente no he escuchado. Ahora creo que debo reconsiderarlo. Después de todo puede estar en lo correcto. Verá, la mayoría de las personas que veo todos los días tratan de pasar todo tipo de cosas a través de la aduana sin pagar impuesto, hasta cosas que ni siquiera deberían intentar. Pero ustedes, están declarando cosas que pudieron haber pasado sin problema alguno. ¡Realmente pudieron haberse ahorrado una buena cantidad de dinero!

—Eso podrá ser cierto —respondió Nancy—, puedo prescindir del dinero que pagué en la aduana mucho más de lo que puedo prescindir de no tener una conciencia limpia.

Ese día, mientras estábamos parados en la fila, ni siquiera se nos ocurrió que alguien pudiera conocernos. Si nuestra intención hubiera sido efectuar alguna treta para pasar las cosas, jamás habríamos sospechado que seríamos reconocidos. Nos creíamos anónimos. Y pienso que eso es lo que muchas personas piensan al hacer artimañas en la vida. «¿Quién va a enterarse?» se dicen. La verdad es que otras personas saben. Su cónyuge, sus hijos, sus amistades, y sus socios de negocios saben. Más importante aun, aunque cubra sus huellas muy bien, y ellos no sepan en lo que anda, ¡*usted lo sabe!* Y no desea entregar o vender su integridad a *ningún* precio.

La experiencia de Jim con el agente aduanal es sólo un pequeño ejemplo de cómo las personas piensan hoy en cuanto a la integridad.

Es triste decirlo, ya no parece ser la norma, y cuando se enfrentan a un ejemplo de honestidad en acción, muchas personas parecen asombrarse. La decencia común ya no es usual.

LA INTEGRIDAD GENUINA NO ESTÁ A LA VENTA

En cada aspecto de la vida uno puede ver asuntos relacionados con el carácter. Por ejemplo, hace unos años, el prestamista Iván Boesky describió abiertamente la *codicia* como «algo bueno» al dirigirse a la escuela de negocios de la UCLA [Universidad del Estado de California en Los Ángeles]. Esa defectuosa manera de pensar pronto lo metió en líos. Cuando sus prácticas inmorales en Wall Street salieron a la luz, fue multado con $100 millones de dólares y enviado a prisión por tres años. Hace poco, se reportó que estaba arruinado financieramente y vivía de una pensión de su antigua esposa.

> *Es posible que la integridad haga tanta falta hoy como nunca antes. Y es absolutamente esencial para cualquiera que desee convertirse en una persona influyente.*

El gobierno tampoco ha sido inmune a asuntos relacionados con la integridad. El Departamento de Justicia juzga más oficiales públicos que nunca, y recientemente alardeó que había enjuiciado a más de 1,100 en un año, una marca dudosa.

Uno ve ejemplos de quiebras morales en casi cualquier parte. Los predicadores televisivos caen moralmente; madres ahogan a sus niños; se encuentran a atletas profesionales con drogas y prostitutas en sus cuartos de hotel. La lista sigue creciendo. Muchas personas perciben la integridad como una idea pasada de moda, algo que puede gastarse o que ya no es aplicable a ellos en nuestro mundo acelerado. Pero es posible que hoy la integridad haga tanta falta como nunca antes, y es absolutamente esencial para cualquiera que desee convertirse en una persona influyente.

En su libro más vendido, *Los siete hábitos de la gente altamente efectiva*, Stephen Covey escribió acerca de la importancia de la integridad para el éxito de una persona:

> Si trato de usar estrategias y tácticas humanas en cuanto a cómo influir en otras personas para que hagan lo que quiero, para trabajar mejor, para estar más motivado, para agradarles y que se agraden entre sí, y mi carácter es fundamentalmente defectuoso, caracterizado por doblez o hipocresía, a la larga no podré tener éxito. Mi doblez producirá desconfianza, y todo lo que haga, hasta emplear las llamadas buenas técnicas de relaciones humanas, se percibirá como manipulación.
>
> Simplemente no importa cuán buena sea la retórica o siquiera sus intenciones: si hay poca o ninguna confianza, no hay fundamento para el éxito permanente. Sólo la bondad vivifica la técnica.[1]

La integridad es crucial para el éxito en los negocios y en lo personal. Un estudio conjunto que hiciera la Escuela de Administración de la UCLA y Korn/Ferry International de Nueva York entrevistó a 1,300 ejecutivos principales. Setenta y un por ciento dijo que la integridad era la cualidad más necesaria para el éxito en los negocios. Y un estudio del Center for Creative Research [Centro para la investigación creativa] descubrió que aunque una persona que desea ascender al tope de una organización puede vencer muchos obstáculos y errores, casi nunca puede avanzar si compromete su integridad traicionando la confianza.

LA INTEGRIDAD TRATA ACERCA
DE COSAS PEQUEÑAS

Pese a lo importante que es la integridad para el éxito de su negocio, es mucho más crítica si desea convertirse en alguien influyente. Es el fundamento sobre el que se construyen muchas otras cualidades, como el respeto, la dignidad, y la confianza. Si la base de la integridad es débil o es principalmente defectuosa, ser una persona influyente se convierte en algo imposible. Como lo señala Cheryl Biehl: «Una de las realidades de la vida es que si no se puede confiar en una persona en todos los aspectos, uno realmente no puede confiar en él o ella en cualquier punto». Hasta las personas que pueden ocultar su falta de integridad durante un tiempo, al fin y al cabo experimentan el fracaso, y desaparece cualquier influencia que hayan logrado temporalmente.

Vea la integridad como algo con beneficios similares al cimiento de una casa durante una tormenta recia. Si es sólido, resistirá las aguas tormentosas. Pero si tiene grietas, la tensión de la tormenta las aumenta hasta que al fin y al cabo, el cimiento y luego toda la casa, se derrumban bajo la presión.

La integridad es la cualidad indispensable
para el éxito en los negocios.

Debido a eso es crucial mantener la integridad ocupándose de las cosas pequeñas. Muchas personas malinterpretan esto. Piensan que pueden hacer lo que les plazca respecto a las cosas pequeñas porque creen que siempre y cuando no tengan un gran resbalón, les irá bien. Pero así no son las cosas. El *Webster's New Universal Unabridged Dictionary* [Nuevo diccionario universal Webster] describe la *integridad* como «adhesión a principios éticos y morales; carácter moral sólido; honestidad». Los principios éticos no son flexibles. Una mentirilla blanca sigue siendo mentira. El hurto es hurto, sea un dólar, mil, o un millón. La integridad se compromete con el carácter por encima de la ganancia personal, con las personas por sobre las cosas; con el servicio por encima del poder, con el principio por sobre la conveniencia; con la vista panorámica por encima de la inmediata.

Phillips Brooks, clérigo del siglo diecinueve mantuvo que: «El carácter se hace en los momentos pequeños de nuestras vidas». Siempre que quebrante un principio moral, crea una pequeña grieta en la base de su integridad. Y cuando las cosas se ponen duras, se dificulta y se complica actuar con integridad. El carácter no se crea en una crisis; sólo sale a la luz. Todo lo que hizo en el pasado, y las cosas que dejó de hacer, llegan a su término al estar bajo presión.

Desarrollar y mantener la integridad requiere atención constante. Josh Weston, ejecutivo y director de la compañía Automatic Data Processing, Inc., afirma: «Siempre he tratado de vivir con la siguiente regla: "No haga lo que no le agradaría leer en el periódico al día siguiente"». Es un buen principio que todos deberíamos observar.

LA INTEGRIDAD ES UN TRABAJO INTERNO

Una de las razones por las cuales muchas personas luchan con lo que se relaciona con la integridad es que tienden a mirar fuera de sí mismos para explicar sus deficiencias en el carácter. No obstante, el desarrollo de la integridad es un trabajo interno. Observe las tres verdades siguientes acerca de la integridad que se oponen al pensamiento común:

1. La integridad no está determinada por las circunstancias

Algunos sicólogos y sociólogos contemporáneos nos dicen que muchas personas de carácter pobre no serían así de haber crecido en un medio ambiente diferente. Ahora, es cierto que nuestra crianza y nuestras circunstancias afectan lo que somos, especialmente en la juventud. Pero mientras más viejos somos, mayor es la cantidad de decisiones tomadas, para bien o para mal. Dos personas pueden crecer en el mismo ambiente, aun en la misma casa, y una es íntegra y la otra no. A fin de cuentas, usted es responsable de sus decisiones. Sus circunstancias son tan responsables por su carácter como lo es el espejo por su apariencia. Lo que ve sólo refleja lo que usted es.

2. La integridad no se basa en credenciales

En tiempos antiguos, los fabricantes de ladrillos, los que grababan en piedra, y otros artesanos usaban un símbolo para marcar las cosas que creaban identificándolos como obra suya. El símbolo que usaba cada uno era su «carácter». El valor de la obra estaba en proporción a la destreza con la cual se hizo el objeto. Sólo se estimaba el carácter si la obra era de alta calidad. En otras palabras, la calidad de la persona y su obra respaldaban sus credenciales. Si la obra era buena, así era el carácter. Si era mala, entonces el carácter se percibía como pobre.

Hoy pasa igual con nosotros. El carácter procede de lo que somos. Algunas personas quisieran ser juzgadas no por lo que son, sino por los títulos que han logrado o la posición que tienen, independientemente de la naturaleza de su carácter. Su deseo es influir en otros con el peso de sus credenciales, más que por lo fuerte de su carácter. Pero las credenciales jamás podrán alcanzar lo que puede hacer el carácter. Observe las diferencias entre las dos:

Credenciales	Carácter
Son transitorias	Es permanente
Se enfocan en los derechos	Se concentra en las responsabilidades
Sólo añaden valor a una persona	Añade valor a muchas personas
Enfocan los logros pasados	Construye un legado para el futuro
Muchas veces evocan celos en otros	Genera respeto e integridad
Sólo pueden abrirle la puerta	Lo mantiene allí

Ninguna cantidad de títulos, grados, oficios, designaciones, premios, licencias, u otra credencial puede sustituir la integridad básica cuando hablamos del poder de influir en otros.

3. La integridad no debe confundirse con la reputación

Algunas personas erróneamente enfatizan la imagen o la reputación. Observe lo que tiene que decir William Hersey Davis acerca de la diferencia entre el carácter y su sombra, la reputación:

> Las circunstancias en las que vive determinan su
> reputación...
>   la verdad que cree determina su carácter...
> La reputación es lo que se supone que sea;
>   el carácter es lo que usted es...
> La reputación es la fotografía;
>   el carácter es el rostro...
> La reputación viene de afuera;
>   el carácter crece desde adentro...
> La reputación es lo que tiene cuando llega a una
>   nueva comunidad;
>   el carácter es lo que tiene cuando se marcha.
> Su reputación es lo que se hace en un momento;
>   su carácter se edifica a través de toda una vida...
> Su reputación se aprende en una hora;
>   su carácter no sale a la luz hasta pasar un año...
> La reputación crece como un hongo;
>   el carácter dura una eternidad...
> La reputación lo enriquece o lo empobrece;
>   el carácter lo alegra o lo hace infeliz...
> La reputación es lo que los hombres dicen de usted en
>   la tumba;
>   el carácter es lo que los ángeles afirman de usted
>   ante el trono de Dios.

Ciertamente, una buena reputación es valiosa. Salomón, rey del antiguo Israel, declaró: «De más estima es el buen nombre que las muchas riquezas, y la buena fama más que la plata y el oro».[2] Pero la buena reputación es el reflejo del carácter de la persona. Si la reputación es como el oro, entonces tener integridad es como ser dueño de la mina. Preocúpese menos por lo que otros piensan, y préstele atención a su carácter interno. D. L. Moody escribió: «Si me ocupo de mi carácter, mi reputación se ocupará de sí misma».

Si lucha para mantener su integridad, y está haciendo todas las cosas por *fuera*, y aun así tiene malos resultados, algo anda mal, todavía necesita cambiar por *dentro*. Vea las siguientes preguntas. Podrían ayudarle a identificar las áreas que requieren atención.

PREGUNTAS QUE AYUDAN A MEDIR SU INTEGRIDAD

1. ¿Cuán bien trato a las personas que no me benefician?
2. ¿Soy transparente con los demás?
3. ¿Aparento ser algo distinto dependiendo de la(s) persona(s) con quien(es) esté?
4. ¿Soy el mismo cuando ocupo el centro de atención que cuando estoy solo?
5. ¿Reconozco rápidamente el mal que hago sin que me presionen?
6. ¿Doy prioridad a otras personas antes que a mi agenda personal?
7. ¿Tengo un patrón rígido para las decisiones morales, o determinan las circunstancias mis elecciones?
8. ¿Tomo decisiones difíciles, aunque impliquen un costo personal?
9. Cuando tengo algo que decir de ciertas personas, ¿les hablo *a* ellas o hablo *de* ellas?
10. ¿Rindo cuentas ante al menos una persona por lo que pienso, digo, y hago?

No se apresure a responder estas preguntas. Si el desarrollo del carácter es un aspecto de su vida seriamente necesitado, podría tender a deslizarse por encima de las interrogantes, ofreciendo respuestas que describen cómo desearía ser en lugar de quien realmente es. Invierta algún tiempo para reflexionar en cada pregunta, considerándola con sinceridad antes de responder. Luego trabaje en las áreas dónde tiene más problemas. Y recuerde esto:

> *Muchos tienen éxito inmediato por lo que saben;*
> *Algunos tienen éxito temporal por lo que hacen; pero*
> *Pocos logran éxito permanente por lo que son.*

El camino hacia la integridad puede que no sea el más sencillo, pero es el único que lo llevará a donde definitivamente desea llegar.

LA INTEGRIDAD ES SU MEJOR AMIGA

El apreciado escritor estadounidense del siglo diecinueve, Nathaniel Hawthorne, ofreció este pensamiento: «Ningún hombre puede llevar una cara consigo y otra para la multitud por mucho tiempo, sin que al fin se confunda y no sepa cuál es la verdadera». Cuando usted compromete su integridad, se hace un daño increíble. Eso ocurre porque la integridad, realmente, es su mejor amiga. Jamás lo traicionará o lo comprometerá. Mantiene sus prioridades en lo correcto. Cuando se ve tentado a tomar atajos, ella le ayuda a quedarse en el curso correcto. Cuando otros lo critican injustamente, le ayuda a seguir y adoptar la sublime posición de no defenderse. Y cuando la crítica de otros es válida, la integridad le ayuda a aceptar lo que dicen, aprender de ello, y seguir creciendo.

Abraham Lincoln dijo en una ocasión: «Cuando deje las riendas del gobierno, quiero que me quede un amigo. Y ese amigo lo llevo dentro de mí». Casi podría decirse que, debido a la crítica tan virulenta de su gestión, la integridad de Lincoln era su mejor amiga mientras ocupaba su puesto. He aquí una descripción de lo que enfrentó tal y como lo explicara Donald T. Phillips:

> Es posible que Abraham Lincoln fuera más calumniado, difamado y odiado que ningún otro hombre que haya aspirado al puesto más alto de la nación... En público se le llamó casi cada nombre que la prensa del día pudiera imaginarse, incluyendo mono grotesco; campesino abogado de tercera clase, que antes rompiera rieles y ahora divide a la Unión; bromista vulgar grosero, dictador, simio, bufón, y otros. El *Illinois State Register* lo denominó «el político más deshonesto y suspicaz que jamás haya desgraciado un puesto en Estados Unidos de América...» La crítica injusta y severa no amainó después que Lincoln prestó juramento para su cargo, ni tampoco procedía sólo de los simpatizantes de los sureños. Provenía de la Unión misma, del Congreso, de algunas facciones dentro del Partido Republicano, e, inicialmente, entre su propio gabinete. Como presidente, Lincoln aprendió que, pese a lo que hiciera, habrían personas inconformes.[3]

A través de todo, Lincoln fue un hombre de principios. Y como sabiamente dijera Thomas Jefferson: «Dios concede que los hombres de principios sean nuestros principales hombres».

LA INTEGRIDAD ES LA MEJOR AMIGA DE SUS AMIGOS

La integridad es su mejor amiga, y también es una de las mejores amigas que jamás tendrán sus amigos. Cuando la gente que lo rodea sabe que es una persona íntegra, percibe que usted desea influir en ella por la oportunidad de añadir valor a sus vidas. No tienen que preocuparse por sus motivaciones.

Recientemente, vimos una caricatura en el *New Yorker* que mostraba cuán difícil puede ser evaluar los motivos ajenos. Algunos puercos se reunieron para comer mientras el granjero llenaba su batea hasta el borde. Un puerco se volvió a los otros y les inquirió: «¿Se han preguntado alguna vez *por qué* es tan bueno con nosotros?» La persona íntegra influye en otros porque desea *traer* algo a la mesa que los beneficie, no para *ponerlos* a ellos en la mesa y beneficiarse a sí mismo.

Si es fanático del baloncesto, probablemente recordará a Red Auerbach, presidente y administrador general de los Celtics de Boston desde 1967 hasta 1987. Él entendía verdaderamente cómo la integridad añade valor a otros, sobre todo cuando las personas trabajan juntas en un equipo. Tenía un método de reclutamiento diferente al de la mayoría de los líderes de los equipos de la Asociación Nacional de Baloncesto [NBA, por sus siglas en inglés]. Cuando evaluaba a un aspirante para jugar con los Celtas, su interés principal era el carácter del joven.

Mientras otros se concentraban casi totalmente en las estadísticas y la ejecución individual, Auerbach deseaba conocer la actitud del jugador. Se le ocurrió que la manera de ganar era encontrar jugadores que se esforzarían y trabajarían para beneficio del equipo. Los jugadores que sobresalían con su habilidad, pero tenían un carácter débil o sólo deseaban promocionarse, realmente no eran valiosos.

La confianza: el beneficio de la integridad

Lo concluyente en cuanto a la integridad es que permite que otros confíen en usted. Sin confianza, no tendrá nada. La confianza es el factor más importante en las relaciones personales y profesionales. Es el pegamento que une a la gente. Y es la clave para convertirse en una persona influyente.

En estos días la confianza es un género cada vez más escaso. Las personas cada día son más suspicaces y escépticas. Bill Kynes expresó los sentimientos de toda una generación al escribir:

Creímos que podíamos confiar en los *militares*,
    pero entonces llegó *Vietnam*;
Creímos que podíamos confiar en los *políticos*,
    pero llegó *Watergate*;
Creímos que podíamos confiar en los *ingenieros*,
    pero entonces llegó el *desastre del Challenger*;
Creímos que podíamos confiar en nuestro *agente de inversiones*;
    pero llegó *el Lunes Negro*;
Creímos que podíamos confiar en los *predicadores*,
    pero entonces llegó PTL *y Jimmy Swaggart*.
Entonces, ¿en quién puedo confiar?[4]

En cierto momento, uno podría suponer que otros confiarán en usted a menos que les diera razón para no hacerlo. Pero ahora, a la mayoría de las personas debe de probarles su honradez. Eso es lo que hace que la integridad sea tan importante si desea convertirse en una persona influyente.

Los demás llegan a confiar en usted solamente cuando muestra un carácter firme.

El carácter se hace en los pequeños
momentos de nuestras vidas.
—Phillips Brooks

Hoy la gente necesita líderes desesperadamente, pero desean ser influidos sólo por individuos en los que puedan confiar, personas de buen carácter. Si desea llegar a ser alguien que pueda influir de manera positiva a otros, necesita desarrollar las siguientes cualidades y vivirlas a diario:

- **Sea un modelo de carácter coherente.** La confianza sólida sólo puede desarrollarse cuando las personas puedan confiar en usted *todo el tiempo*.

Si de un momento a otro no saben qué va a hacer, la relación jamás se profundizará a un nivel de confianza franco.

- **Use comunicación sincera.** Para ser cabal, hay que ser como una buena composición musical; sus palabras y su música tienen que estar unidas.

- **Valore la transparencia.** Las personas al fin y al cabo verán sus faltas, aunque trate de ocultarlas. Pero si es franco con las personas y reconoce sus debilidades, apreciarán su sinceridad e integridad. Así podrán relacionarse mejor con usted.

- **Sea un modelo de humildad.** Las personas no confiarán en usted si lo ven motivado por el ego, los celos, o la creencia de que es superior a ellos.

- **Demuestre su apoyo a otros.** Nada desarrolla o demuestra su carácter mejor que su deseo de poner a otros primero. Como dice nuestro amigo Zig Ziglar: «Ayude a muchas personas a tener éxito, y también lo tendrá».

- **Cumpla sus promesas.** Jamás prometa nada que no pueda cumplir. Y cuando diga que va a hacer algo, cúmplalo. Una manera segura de quebrantar la confianza de otros es no cumplir sus compromisos.

- **Adopte una actitud de servicio.** Fuimos puestos en esta tierra para servir, no para ser servidos. Dar de su persona y de su tiempo a otros, muestra que se interesa en ellos. El médico y misionero Sir Wilfred T. Grenfell sostuvo que «el servicio que damos a otros realmente es la renta que pagamos por nuestra habitación en esta tierra». Las personas íntegras son dadoras, no saqueadoras.

- **Promueva la participación bilateral entre las personas que influya.** Cuando uno tiene una vida íntegra, los demás lo escuchan y lo siguen. Recuerde siempre que la meta de la influencia es la participación, no la manipulación. Sólo a medida que incluya a otros en su vida y en sus logros tendrá éxito permanente.

Se ha dicho que uno realmente no conoce a las personas hasta que las observa interactuando con un niño, cuando el auto tiene un neumático sin aire, cuando el jefe está fuera, y cuando creen que nadie se enterará. Pero los íntegros jamás tienen que preocuparse de eso. No importa dónde estén, con quién estén, o en qué clase de situación se encuentren, son coherentes y viven basados en sus principios.

LA INFLUENCIA: EL BENEFICIO DE LA CONFIANZA

Uno alcanza a la gente cuando comienza a ganarse su confianza; ese es uno de los aspectos clave para influir. El presidente Dwight D. Eisenhower expresó su opinión al respecto así:

> Para ser líder, el hombre necesita seguidores. Y para tener seguidores, el individuo debe tener confianza. Por lo tanto, es incuestionable que la cualidad suprema del líder es la integridad. Sin ella, no puede alcanzar el éxito verdadero, ya sea en un grupo de trabajo, un campo de fútbol, en el ejército, o en una oficina. Si los relacionados de alguien ven que le falta integridad, la persona fracasará. Sus enseñanzas y acciones deben cuadrar entre sí. De ahí que la primera gran necesidad, sea la integridad y un alto propósito.

Cuando las personas comienzan a confiar en usted, su nivel de influencia aumenta. Y ahí es que podrá empezar a impactar sus vidas. Pero también es el momento de ser precavido porque el poder puede ser muy peligroso. En la mayoría de los casos, los que desean poder tal vez no deberían tenerlo, los que lo disfrutan quizás lo hacen por razones incorrectas, y los que más desean retenerlo no entienden que sólo es temporal. Como dijo Abraham Lincoln: «Casi todos los hombres pueden soportar la adversidad, pero si quiere probar el carácter de un hombre, déle poder».

Pocas personas en el mundo tienen mayor poder e influencia que el presidente de Estados Unidos. George Bush, el cuadragésimo primer presidente de la nación, tenía fuertes convicciones al respecto, y aconsejó: «Use el poder para ayudar a las personas. Porque no se nos da para promover nuestros propósitos ni para hacer un gran espectáculo en el mundo, ni ganarnos una reputación. Sólo hay un uso para el poder, y es servir a las personas». Para mantener la ambición en su sitio y el enfoque de su influencia en ayudar y servir a otros, pregúntese esto de vez en cuando: Si todo el mundo me siguiera, ¿sería el mundo mejor?

CONVIÉRTASE EN UNA PERSONA ÍNTEGRA

En fin, puede forzar sus acciones para ajustarlas a sus principios, o puede manipular sus principios para adaptarse a sus acciones. Es una elección que tiene que hacer. Si desea convertirse en una persona influyente, es mejor que elija el sendero de la integridad porque el resto de los caminos llevan definitivamente a la ruina.

Para convertirse en alguien íntegro, tiene que regresar a lo fundamental. Es posible que tenga que tomar algunas decisiones difíciles, pero valdrá la pena.

Comprométase a ser honesto, formal y confiable

La integridad comienza con una decisión consciente y específica. Si espera un momento crítico antes de resolver sus asuntos respecto a ella, se prepara para fracasar. Decida hoy vivir con un código moral estricto, y determine seguirlo sin importar qué es lo que pase.

Decida previamente que usted no tiene precio

El presidente George Washington percibió que «pocos hombres tienen la virtud de resistir al que más dinero ofrezca». Algunas personas pueden comprarse porque no resolvieron el asunto del dinero antes del momento de la tentación. La mejor manera de protegerse contra una falla en la integridad es decidir hoy que no venderá su integridad: ni por poder, venganza, orgullo o dinero, cualquiera que sea la cantidad.

Concéntrese en las cosas menores

Las cosas pequeñas nos hacen o nos deshacen. Si usted cruza la línea de sus valores, ya sea por una pulgada o una milla, traspasa el límite. La honestidad es un hábito que se fija haciendo lo correcto en todo momento, día tras día, semana tras semana, año tras año. Si hace lo correcto de modo consecuente en las cosas pequeñas, es menos probable que se extravíe moral o éticamente.

Haga cada día lo que debe antes que lo que quiere

Gran parte de la integridad es cumplir sus responsabilidades de manera coherente. Nuestro amigo Zig Ziglar dice: «Si uno hace las cosas que tiene que hacer cuando las debe hacer, llegará el día en que pueda hacer las que quiera cuando lo desee». El filósofo y sicólogo William James declaró esa idea con más energía: «Cada día todo el mundo debe hacer al menos dos cosas que odia, sólo para practicar».

El filósofo y escritor suizo, Henri Frederic Amiel, sostuvo que: «El hombre que no tiene vida interna es esclavo de lo que lo rodea». *Esclavos* es el término correcto para describir a quienes les falta integridad porque muchas veces se encuentran bajo los caprichos propios y los deseos cambiantes de otros. Pero con la integridad, uno puede experimentar la libertad. No sólo es menos probable que lo esclavice la tensión que proviene de las malas elecciones, la deuda, el engaño, y otros asuntos negativos del carácter, sino que tiene la libertad de influir en otros y añadirles valor de manera increíble. Su integridad abre la puerta para que experimente éxito continuo.

Es casi imposible exagerar el impacto de la integridad en la vida de las personas. Tal vez recuerde el susto que hace algunos años causó la pastilla de «Tylenol». Varias personas murieron por envenenamiento, y los investigadores rastrearon la causa hasta las cápsulas contaminadas de Tylenol. Don Meyer, un amigo de John, le envió un comentario respecto al incidente. He aquí lo que dijo:

> Hace algunos años, en su declaración de propósito, ellos tenían una frase que decía que «operarían con honestidad e integridad».

Varias semanas antes del incidente de Tylenol, el presidente de Johnson y Johnson envió un memorándum a todos los presidentes de divisiones de la compañía preguntando si seguían creyendo en aquella declaración. Todos los presidentes respondieron de modo afirmativo.

A una hora de la crisis de Tylenol, reportaron, el presidente de la compañía ordenó que se sacaran todas las cápsulas del mercado, consciente de que era una decisión de cien millones de dólares.

Cuando los reporteros preguntaron cómo podía decidir tan sencilla y rápidamente en cuanto a algo tan importante, respondió: «Practiqué lo que acordamos en la declaración de nuestra misión».

Debajo del comentario, Don Meyer redactó esta nota: «John: siempre es fácil hacer lo correcto cuando uno sabe cuál es su posición».

Lo que hizo Johnson y Johnson es útil para usted como para nosotros. Si sabe cuál es su posición y actúa consecuentemente, las personas pueden confiar en usted. Es un modelo del carácter y la coherencia que otros admiran y desean emular. Y establece un buen fundamento, que le posibilita para llegar a ser una persona que influye en sus vidas de manera positiva.

SEA ÍNTEGRO CON LA GENTE

❏ **Comprométase a desarrollar un carácter fuerte.** En el pasado, ¿se ha acostumbrado a responsabilizarse completamente por su carácter? Eso es algo que debe hacer para convertirse en una persona influyente. Deje a un lado sus experiencias negativas, incluyendo circunstancias y personas que le hayan herido. Olvide sus credenciales o la reputación que alcanzó a través de los años. Arranque todo eso, y vea lo que resta. Si no observa una integridad firme en sí mismo, comprométase a cambiar hoy.

Lea la declaración próxima, y luego firme en la línea siguiente:

Me comprometo a ser una persona de carácter. Los pilares de mi vida serán la verdad, la formalidad, la honestidad, y la confiabilidad. Trataré a otros como espero que me traten. Viviré según los patrones de integridad más sublimes en las circunstancias de la vida.

Firma: _____ Fecha: _____

❏ **Haga cosas pequeñas.** Evalúe en la semana próxima los hábitos de su carácter. Escríbase una nota cada vez que haga una de las siguientes cosas:

• No decir toda la verdad.
• Incumplir un compromiso, prometido o implícito.
• Dejar una tarea por terminar.
• Hablar sobre algo que se esperaba mantener bajo confidencia.

❏ **Haga lo que *debe* antes que lo que *quiere*.** Cada día de esta semana, ubique dos artículos en su lista de cosas por hacer que debe realizar pero que pasó por alto. Complete esas tareas antes de hacer cualquier cosa de la lista de las que disfruta.

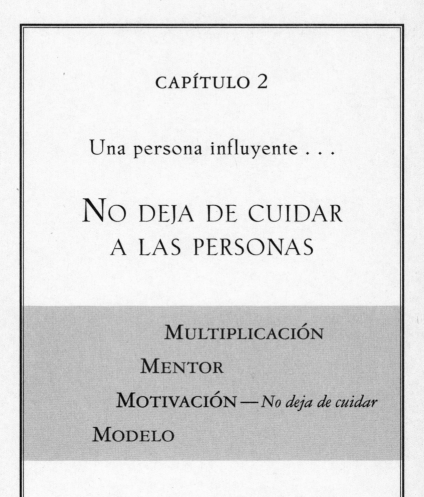

CAPÍTULO 2

Una persona influyente . . .

NO DEJA DE CUIDAR
A LAS PERSONAS

MULTIPLICACIÓN

MENTOR

MOTIVACIÓN — *No deja de cuidar*

MODELO

Hace varios años Nancy y yo decidimos ayudar a nuestro hijo Eric a ser un poco más independiente. Hablando en general, le va muy bien. Es más, participa en muchas actividades que alguien que no usa una silla de ruedas jamás llega a realizar. Pero creímos que disfrutaría al dar otro paso en su desarrollo personal, así que indagamos respecto a algo que oímos llamado Canine Companions for Independence [Compañeros caninos para la independencia] (CCI), una organización que une perros especialmente entrenados a personas impedidas.

CCI opera desde hace veinte años y tiene oficinas alrededor del país, incluyendo Oceanside, California. Como no dista mucho de San Diego, un sábado por la mañana nos amontonamos en el auto y salimos hacia la costa para investigarlo.

Eric se emocionó mucho al llegar y visitar el centro de entrenamiento. Conocimos a varios miembros del personal, y vimos muchos perros. Nos enteramos de que estos animales se pasan el primer año de sus vidas en los hogares de voluntarios que los crían y les enseñan destrezas básicas como obediencia y sociabilidad. Luego los llevan al centro CCI, donde viven y son especialmente entrenados durante ocho meses por miembros del personal. Aprenden cómo llegar a ser compañeros de trabajo para casi cada clase de personas impedidas, excepto los ciegos. Los perros aprenden cómo abrir puertas, cargar objetos, y cosas como esas. Algunos son entrenados para ayudar a personas sordas, y aprenden a señalarles a sus dueños cuando suena la puerta o el teléfono, cuando llora un bebé, cuando suena una alarma de incendios, y así por el estilo. Una vez que un perro es completamente entrenado, se le une a un nuevo dueño, y los dos se someten a cierto tipo de «entrenamiento básico» para aprender a trabajar juntos.

A Eric le encantó la idea de tener un perro; así que solicitamos uno que se ajustara a sus necesidades. Durante las siguientes semanas, esperamos. Y no pasó un día sin que Eric no hablara de ello. Al fin, una tarde recibimos una llamada de CCI diciendo que tenían un perro para Eric, y la mañana siguiente, salimos de nuevo a Oceanside.

Eric se enamoró de Sable de inmediato. Era una enérgica perra de caza color oro (Golden retriever) que tenía poco más de un año y medio de edad. Los dos pasaron el entrenamiento inicial y aprendieron a trabajar juntos. Sable podía encender y apagar las luces por Eric, acompañarlo a la tienda con dinero y cargar sus compras, y hacer un montón de cosas más.

A medida que se acercaba el término del entrenamiento, uno de los entrenadores se sentó con Eric y habló con él. Le dijo: «Eric, no importa qué hagas o dejes de hacer con Sable, asegúrate de algo. Tienes que ser quien la alimente. Eso es muy importante. Es la única manera de asegurar el vínculo entre ustedes, y que te perciba como su amo».

Darle amor y afecto a la perra era sencillo para Eric. Disfrutaba mimándola y acariciándola, pero le era más difícil encargarse de ella. Él tiene una personalidad bastante dócil. Con el tiempo, aprendió a alimentarla, y al fin se convirtió en parte favorita de su rutina.

Alimentar a la perra es la mejor manera de crear una relación con ella. No sólo provee lo necesario para el animal, dándole vida y fuerza, sino que también le enseña a confiar en usted y a seguirle. En la mayoría de los casos, cuando usted le alimenta, el cuidado que ofrece se convierte en lealtad, obediencia, y afecto.

Naturaleza del cuidado

En cierta medida, las personas responden de manera similar a algunos animales. Al igual que estos, a las personas hay que cuidarlas, no sólo física, sino emocionalmente. Si observa a su derredor, descubrirá que hay personas en su vida que quieren ser cuidadas, afirmadas con ánimo, reconocimiento, seguridad, y esperanza. Llamaremos s este proceso cuidado, y es algo que todo ser humano requiere.

Si desea convertirse en alguien que influye otras vidas, comience cuidándolas. Muchas personas erróneamente piensan que la manera de llegar a ser influyente es convirtiéndose en una figura autoritaria, corrigiendo los errores ajenos, revelando las áreas débiles que no pueden ver con facilidad en ellos mismos, y ofreciendo crítica supuestamente constructiva. Pero lo que el clérigo John Knox dijo hace más de cuatrocientos años aún es cierto: «Uno no puede enemistarse con las personas e influir en ellas al mismo tiempo».

En el centro del proceso de cuidado está el interés genuino por los demás. Cuando uno escucha la palabra *cuidar*, ¿qué es lo primero que se le ocurre? Si es como la mayoría, quizá se imagine a una madre meciendo a un bebé. Ella cuida a su niño, lo protege, lo alimenta, lo anima, asegurándose de que sus necesidades sean satisfechas. No le da atención sólo cuando tiene tiempo libre o cuando es conveniente. Lo ama y desea que crezca bien. De manera parecida, cuando trata de ayudar e influir en las personas a su alrededor, debe tener sentimientos positivos e interés por ellos. Si desea impactarlos de manera positiva, no puede despreciarlos, aborrecerlos, o ridiculizarlos. Debe amarlos y respetarlos. O como afirma el experto en relaciones humanas Les Giblin: «No puede hacer que su prójimo se sienta importante en su presencia si en secreto usted siente que es un don nadie».

> *Si cuida a los demás pero deja que lleguen*
> *a depender de usted, en verdad los hiere y*
> *no los ayuda.*

Podrá preguntarse por qué debe adoptar una función cuidadora con las personas que desea influir, sobre todo si son empleados, colegas, o amistades, y no familiares. Podría decir: ¿Acaso eso no es algo que pueden conseguir en otra parte, por ejemplo, en el hogar? La desafortunada verdad es que la mayoría de las personas están desesperadas por ánimo. Y aunque pocas personas las edifiquen, todavía tiene que convertirse en su cuidador porque ellas son influidas mayormente por los que los hacen sentir mejor respecto a sí mismos. Si se transforma en un gran cuidador de los demás, tendrá la oportunidad de impactar bastante en ellos.

Evalúe una y otra vez sus motivos mientras ayuda y anima a otros. No sea como una niñita llamada Emily. Su padre, Guy Belleranti, manejaba un domingo en la mañana de la casa hacia la iglesia cuando la niña de cinco años dijo:

—Cuando crezca, quiero ser como el hombre que se para al frente.

—¿Quieres ser un ministro? —preguntó la madre de Emily.

—No —dijo Emily—, quiero decirle a la gente qué es lo que tienen que hacer.

Su meta es el crecimiento y la independencia de otros. Si cuida a otros pero deja que lleguen a depender de usted, realmente los hiere, y no los ayuda. Si los ayuda por su deseo de satisfacer sus necesidades o para sanar las heridas de su pasado, su relación con ellos puede llegar a ser interdependiente. No es saludable tratar de corregir su historia personal reviviéndola en forma vicaria a través de otros. Además, las personas interdependientes jamás llegan a ser influencias positivas en los demás.

EL CUIDADOR INFLUYENTE
ES UN DADOR

Ahora que tiene una mejor idea de lo que significa cuidar a otros, quizás esté listo para aprender cómo hacerlo con las personas allegadas: empleados, familiares, amistades, compañeros de trabajo, de iglesia, y colegas. Lo hace enfocándose en *dar* más que en *obtener*. Comience dándoles a otros en estas áreas:

Amor

Antes que pueda hacer algo en la vida de otros, debe mostrarles amor. Sin él, no puede haber conexión, futuro, ni éxito juntos. Recuerde algunas de las personas clave que impactaron su vida: un maestro increíble, un jefe fantástico, un tío o tía especial. Indudablemente, cuando uno invertía tiempo en estas personas, podía sentir que se interesaban en uno, y por eso respondía positivamente a ellos.

Descubrimos este ejemplo de la manera en que el amor puede afectar en la vida de los estudiantes. He aquí algo escrito por un maestro reflexivo:

> Me alivió mucho cuando comencé a entender que el jovencito necesita algo más que un tema. Conozco las matemáticas, y las enseño bien. Antes pensaba que eso era todo lo que tenía que hacer. Ahora les enseño a los niños, no enseño matemáticas. Acepto el hecho de que sólo puedo alcanzar éxito parcial con algunos de ellos. Cuando no tengo que conocer todas las respuestas, parezco tener más soluciones que al tratar de ser el experto. El joven que realmente me llevó a entender esto fue Eddie. Un día le pregunté por qué creía que le iba mucho mejor que el año anterior. Le dio significado a toda mi nueva orientación. «Porque me siento bien conmigo mismo cuando estoy con usted», dijo.[1]

Eddie respondió al amor de una manera como no lo habría hecho al conocimiento, la psicología, la técnica, o la teoría docente. Floreció una vez que supo que su maestro se interesó en él.

Sin amor, no puede haber conexión,
futuro, ni éxito juntos.

La extensión y la amplitud de nuestra influencia en otros están directamente relacionadas con la profundidad de nuestro interés por

ellos. Cuando se trata de ayudar a las personas a crecer y sentirse bien
consigo mismas, no hay sustituto para el amor. Hasta un tipo duro
como Vince Lombardi, el legendario entrenador de los Green Bay
Packers, comprendió el poder del amor para sacarles lo mejor a las
personas e impactar sus vidas. Él decía: «Hay muchos entrenadores
con buenos equipos de pelota que conocen lo básico y tienen bastante
disciplina, pero aun así no ganan juegos. Entonces uno se encuentra
con el tercer ingrediente: Si van a jugar juntos como equipo, tienen
que interesarse unos en otros. Tienen que *amarse* entre sí. Cada jugador tiene que pensar en el otro».

Uno puede impactar positivamente a las personas cuidándolas.
No importa qué profesión tenga, ni cuán exitosas sean las personas a
su alrededor o lo que hayan alcanzado. Todos tienen la necesidad de
sentirse valorados. Hasta alguien que una vez fuera el líder del mundo
libre necesita amor. En su libro *In the Arena* [En la arena], el antiguo
presidente Richard Nixon describió su depresión luego de dimitir
de la Casa Blanca y ser sometido a cirugía. En un momento en que
estuvo en el hospital, le dijo a Pat, su esposa, que quería morirse.

Cuando estaba en lo más bajo de su vida, una enfermera entró a
su cuarto, abrió las cortinas, y señaló un pequeño avión que volaba de
un lado a otro. Arrastraba este anuncio: DIOS LO AMA, Y NOSOTROS
TAMBIÉN. Ruth Graham, la esposa del evangelista Billy Graham, hizo
los arreglos para que volara por el hospital. Ahí fue cuando Nixon
experimentó un momento culminante. Ver esa expresión de amor le
dio el valor y el deseo de continuar y recuperarse.

Invierta tiempo expresándoles su amor y aprecio a las personas
que tiene cerca. Dígales cuán significativas son para usted. Escríbales
notas diciéndoles cuánto se interesa por ellas. Déles una palmada en
la espalda y, cuando sea apropiado, un abrazo. Jamás suponga que
saben lo que siente por ellas. Dígaselo. A nadie le dicen mucho que
le aman.

Respeto

Leímos un relato sobre una mujer que se mudó a un pueblo pequeño. Después de estar allí por poco tiempo, se quejó con la vecina del pobre servicio que recibía en la farmacia local. Esperaba que su nueva conocida le repitiera su crítica al dueño de la tienda.

La próxima vez que la recién llegada fue a la farmacia, el farmacéutico la saludó con una gran sonrisa, le dijo cuán feliz se sentía de verla de nuevo, y que esperaba que le gustara el pueblo. También se ofreció para ayudarles a la mujer y a su esposo mientras se acomodaban. Luego se ocupó de su orden rápida y eficientemente.

La mujer le reportó el increíble cambio a su amiga.

—Supongo que le dijiste cuán pobre era el servicio —declaró.

—Bueno, no —dijo la vecina—. Es más, espero que no te moleste, le dije que estabas sorprendida por la manera en que ha desarrollado su farmacia, y que creías que era una de las mejor atendidas que jamás habías visto».[2]

La vecina de esa mujer entendía que la gente responde al respeto. En efecto, la mayoría de las personas harán casi cualquier cosa por usted si las trata con respeto. Eso significa aclararles que sus sentimientos son importantes, que se respetan sus preferencias, y que sus opiniones son valiosas. Significa darles el beneficio de la duda. O como lo dijera el poeta y filósofo Ralph Waldo Emerson: «Cada hombre tiene el derecho de ser valorado por sus mejores momentos».

Cuando el amor se enfoca en dar a otros, el respeto muestra una disposición a recibir de parte de ellos. El respeto reconoce la habilidad de la otra persona o su potencial a contribuir. Escuchar a los demás y promover sus intereses por encima de los suyos refleja su respeto, además tiene el potencial para que usted y ellos tengan más éxito. Según un reciente estudio realizado por Teleometrics International reportado en el *Wall Street Journal*, los ejecutivos entienden el poder del respeto. Entre los dieciséis mil ejecutivos encuestados, los investigadores se concentraron en un grupo de personas con mucho éxito. Todos tenían actitudes positivas con sus subordinados, buscaban su consejo con frecuencia, escuchaban regularmente sus intereses, y los trataban con respeto.

Si ha tenido la oportunidad de laborar en muchos contextos, y ha trabajado para ambos tipos de personas, las que *sí* le respetan y las que *no*, entiende cuán motivador puede ser el respeto. Y sabe también que es influido con más facilidad por quienes lo tratan bien.

Sentido de seguridad

Otra parte importante del cuidado es darle a la gente un sentido de seguridad. Las personas dudan de confiar en usted y de alcanzar su potencial cuando les preocupa si están seguros con usted o no. Pero cuando se sienten seguras, están en posición de responder positivamente y hacer lo mejor. Virginia Arcastle afirmó: «Cuando uno hace que las personas se sientan seguras, importantes y apreciadas, no necesitan menospreciar a los demás para aparentar que ellas son mejores».

La integridad es parte de lo que hace a las personas sentirse seguras, de lo cual hablamos en el capítulo anterior. La gente se siente segura con usted cuando sus palabras y sus hechos son congruentes y se conforman con un elevado código moral que incluye el respeto. Lou Holtz, antiguo entrenador principal de fútbol de Notre Dame, se ocupó de esto cuando señaló: «¡Haga lo correcto! Haga lo mejor que pueda, y trate a otros de la manera en que quiere ser tratado porque preguntarán tres cosas: (1) ¿Puedo confiar en usted? (2) ¿Está comprometido?… (3) ¿Le intereso como persona?»

Las personas desean seguridad no solamente de parte suya sino también de su medio ambiente. Los buenos líderes reconocen esto y crean un medio en el que las personas puedan florecer. Mike Krzyzewski, el exitoso entrenador de baloncesto de la Universidad Duke, entiende el impacto que un líder puede tener al proveerles seguridad a las personas que lo siguen: «Si establece una atmósfera de comunicación y confianza, se convierte en una tradición. Los miembros del equipo más viejos establecerán su credibilidad con los nuevos. Aunque no les agrade todo lo suyo, dirán: "Es confiable, y está comprometido con nosotros como equipo"».

No puede influir en las personas de manera positiva e impactar sus vidas hasta que puedan confiar en usted por completo.

Reconocimiento

Un error muy común, especialmente entre los líderes en el mercado, es no mostrar reconocimiento ni agradecimiento a los demás. Por ejemplo, J. C. Staehle hizo un análisis de los obreros en Estados Unidos. Encontró que la causa principal de insatisfacción entre los empleados era que sus superiores no les daban reconocimiento. Es difícil que las personas sigan a alguien que no los aprecia por quiénes son y lo que hacen. Como dijera el antiguo secretario de defensa y presidente del Banco Mundial Robert McNamara: «Los cerebros son como los corazones, van donde se les aprecia».

El reconocimiento es algo que todos aprecian mucho, no sólo las personas en los negocios y la industria. Un poco de ello puede respaldar mucho la vida de un individuo. Por ejemplo, hace poco leímos un relato escrito por Helen P. Mrosla, una monja maestra. Contaba su experiencia con Mark Eklund, un estudiante al que le enseñó por primera vez en tercer grado y luego matemáticas en la escuela secundaria. He aquí su relato:

Un viernes [en el aula] el ambiente no era bueno. Toda la semana nos habíamos esforzado mucho en un nuevo concepto, y percibí que los estudiantes estaban frustrados consigo mismos, y se sentían incómodos entre sí. Tenía que detener la incomodidad antes de que se descontrolaran. Así que les pedí que escribieran en dos hojas de papel los nombres de los demás compañeros, dejando un espacio entre cada uno. Entonces les dije que pensaran en la cosa más genial que se les ocurriera respecto a cada uno de sus compañeros de clase y que la escribieran.

Hizo falta el resto del período de clase para terminar la tarea, pero mientras los estudiantes salían del salón, cada uno me entregó su papel...

Ese sábado, escribí el nombre de cada estudiante en una hoja de papel, y anoté lo que el resto dijo acerca de ese individuo. El lunes le di a cada estudiante su lista. Algunos tenían dos páginas. Antes de que pasara mucho tiempo, toda la clase sonreía. «¿De verdad?» escuché susurrar. «¡Jamás pensé que eso le resultara significativo a alguien!» «¡No sabía que le cayera tan bien a los otros!»

Nadie volvió a mencionar los papeles en la clase. Jamás supe si los discutieron después o con sus padres, pero no importaba. El ejercicio cumplió su fin. Los estudiantes nuevamente estaban felices consigo mismos y entre sí.

Ese grupo de estudiantes siguió adelante. Años más tarde, después de regresar de unas vacaciones, mis padres me recogieron en el aeropuerto. Mientras manejábamos a casa, mamá me hizo las preguntas acostumbradas en cuanto al viaje: Cómo estuvo el clima, mis experiencias en general. Hubo un vacío breve en la conversación. Mamá miró de reojo a papá y simplemente dijo:

—¿Papá?

Mi padre se aclaró la garganta.

—Los Eklund llamaron anoche —comenzó.

—¿Ah sí? —dije—. No he oído de ellos en años. Me pregunto cómo estará Mark.

Papá respondió en voz baja.

—Mataron a Mark en Vietnam —dijo—. Mañana es el funeral, y sus padres quieren que asistas.

Hasta hoy puedo señalar el punto exacto en la autopista interestatal 494 en donde papá me dijo lo de Mark.

Nunca había visto un combatiente en un ataúd militar... La iglesia estaba llena de amistades de Mark. La hermana de Chuck [su antiguo compañero de clase] cantó «The Battle Hymn of the Republic» [El himno de batalla de la república]. ¿Por qué tenía que llover el día del funeral? Ya era bastante difícil estar al lado de la tumba. El pastor pronunció las oraciones acostumbradas, y el trompetista ejecutó el toque militar fúnebre. Uno por uno, todos los que amaban a Mark caminaron por última vez al lado del ataúd y lo salpicaron con agua bendita.

Fui la última en bendecir el ataúd. Mientras estaba parada allí, uno de los soldados que cargó el ataúd se me acercó. «¿Usted era la maestra de matemáticas de Mark?» preguntó. Asentí mientras continuaba viendo el ataúd. «Mark me habló mucho de usted», dijo.

Después del funeral la mayoría de los compañeros de clase de Mark salieron a la granja de Chuck para almorzar. La madre y el padre de Mark estaban allí esperando, obviamente, por mí. «Queremos mostrarle algo», dijo su padre, sacando una cartera de su bolsillo. «Encontraron esto en su cuerpo cuando lo mataron. Creímos que lo reconocería».

Al abrir la billetera, sacó con cuidado dos gastadas hojas de papel de libreta que obviamente fueron pegadas, dobladas y des-dobladas en muchas ocasiones. Supe sin mirar que los papeles eran los que había usado para nombrar todas las cosas buenas que cada compañero de clases de Mark había dicho de él. «Muchas gracias por hacer eso», dijo la madre de Mark. «Como puede ver, él lo atesoraba».

Los compañeros de clase de Mark comenzaron a rodearnos. Chuck se sonrió un tanto tímido y dijo: «Todavía tengo mi lista. Está en mi casa, en la gaveta superior de mi escritorio». La esposa de John dijo: «John me pidió que pusiera la suya en nuestro álbum de bodas». «Yo también tengo la mía», dijo Marilyn. «Está en mi diario». Entonces Vicki, otra compañera de clase, buscó en su cartera, sacó su billetera y le mostró su gastada y estrujada lista al grupo. «La llevo conmigo en todo momento», dijo Vicky sin par-padear. «Creo que todos guardamos nuestras listas».

Fue entonces cuando finalmente me senté y lloré.[3]

¿Qué haría que tantas personas guardaran las hojas de papel que recibieron cuando jovencitos llevándolas aún consigo siendo adul-tos, algunos de ellos, por todas partes, hasta luchando en un campo de arroz al otro lado del mundo? La respuesta es el aprecio. Todo el mundo tiene una increíble hambre de aprecio, afecto y reconocimiento. Mientras se relaciona con las personas, camine lentamente a través de la multitud. Recuerde los nombres de las personas, invierta tiempo mostrándoles que está interesado. Haga que otras personas sean una prioridad en su vida por encima de cualquier otra cosa, incluyendo sus planes y su itinerario. Y déles reconocimiento cada vez que pueda. Los edificará y los motivará. Eso lo hará una persona de significativa influencia en sus vidas.

Ánimo

Hace años se condujo un experimento para medir la capacidad de las personas para resistir el dolor. Los sicólogos midieron cuánto tiempo podía una persona descalza pararse en una cubeta de agua helada. Hallaron que un factor facilitó que algunos estuvieran en el agua el doble que los demás. ¿Sabe cuál fue el factor? El ánimo. Cuando otra persona estaba presente, apoyando y animando, los que sufrían pudieron soportar el dolor mucho más tiempo que los que no los recibían.

> *Cuando una persona se siente animada,*
> *puede enfrentar lo imposible y sobreponerse*
> *a una adversidad increíble.*

Pocas cosas ayudan a una persona como el ánimo. George M. Adams lo llamó «el oxígeno del alma». El poeta y filósofo alemán Johann Wolfgang von Goethe escribió: «La corrección alcanza mucho, pero el ánimo después de la censura es el sol tras una llovizna». Y William A. Ward reveló sus sentimientos al decir: «Adúleme, y es posible que no le crea. Critíqueme, y quizás no me caiga bien. Ignóreme, y a lo mejor no lo perdone. Anímeme, y no lo olvidaré».

La habilidad de influir es una consecuencia natural del ánimo. Benjamin Franklin escribió en una carta al comandante naval John

Paul Jones: «De aquí en adelante, si ve ocasión para darles a sus oficiales y amistades un poco más de elogios de lo debido, y confesar más faltas de las que pueda ser acusado con razón, por ello simplemente pronto llegará a ser un gran capitán». Jones en verdad aprendió la lección. Al fin y al cabo llegó a ser un héroe de la revolución estadounidense y luego alcanzó el rango de contralmirante en la marina rusa.

Así como el ánimo hace que otros le sigan, no ofrecer elogios y ánimo tiene el efecto opuesto. Leímos un relato por el Dr. Maxwell Maltz que muestra el increíble impacto negativo que una persona puede ejercer al no animar a los que tiene cerca. Maltz describió a una mujer que vino a su oficina buscando ayuda. Evidentemente, su hijo se mudó de su hogar en el centro del país, a Nueva York, en donde Maltz tenía su consultorio. Cuando su hijo era solamente un niño, murió el esposo de la mujer, y ella se encargó del negocio, esperando hacerlo sólo hasta cuando el hijo fuera lo suficientemente maduro para ocuparse de él. Pero cuando el hijo creció, no quiso involucrarse. En lugar de eso quería ir a Nueva York a estudiar. Ella acudió a Maltz porque quería averiguar por qué su hijo se comportaba de esa manera.

Unos cuantos días después el hijo fue a la oficina de Maltz, explicando que su madre había insistido en la visita.

—Amo a mi madre —explicó—, pero jamás le dije por qué tuve que dejar la casa. Simplemente nunca tuve el valor. No quiero que sea infeliz, pero verá doctor, no quiero seguir lo que mi padre comenzó. Quiero arreglármelas por mi propia cuenta.

—Eso es muy admirable —le dijo Maltz—, ¿pero qué tienes en contra de tu padre?

—Él era un buen hombre y se esforzó mucho, pero supongo que lo resentía —dijo—. Mi padre tuvo que esforzarse mucho y creyó que tenía que ser duro conmigo. Me parece que quería que desarrollara autosuficiencia o algo así por el estilo. Cuando niño, jamás me animó. Recuerdo cuando jugaba pelota con él en el patio. Él la lanzaba y yo la agarraba. Hacíamos un juego para ver si podía atrapar diez pelotas seguidas. Y, doctor, ¡jamás me dejaba agarrar la décima pelota! Me tiraba ocho o nueve, pero siempre tiraba la décima al aire, o al suelo, o donde no podía atraparla.

El joven se detuvo un momento y entonces dijo:

—Nunca me permitía atrapar la décima pelota, ¡jamás! Y me parece que tuve que dejar la casa y el negocio que empezó porque de una u otra manera ¡deseaba atrapar esa décima pelota!

La falta de ánimo puede inhibir a la persona e impedirle una vida saludable y productiva, pero cuando se siente animada, puede enfrentar lo imposible y sobreponerse a la adversidad de manera increíble. La persona que da el don del ánimo se convierte en alguien influyente en su vida.

LO QUE RECIBEN

Para llegar a ser un cuidador, aprenda a pensar de otra manera. En vez de pensar en sí mismo, déles prioridad a otros. En vez de poner a los demás en su lugar, trate de *ponerse* en el de ellos. Eso no siempre es fácil. Sólo cuando se siente en paz consigo mismo y con quien usted es podrá pensar diferente y entregarse a otros. Cuidar brinda muchas recompensas. Cuando uno cuida a las personas, ellas reciben varias cosas:

Dignidad positiva

Nathaniel Branden, psiquiatra y experto en el tema de la autoestima, afirma que ningún factor es más decisivo en el desarrollo psicológico de las personas y la motivación que los juicios valorativos que hacen de sí mismos. Dice que la naturaleza de la autoevaluación tiene un profundo efecto en los valores, las creencias, los procesos mentales, los sentimientos, las necesidades, y las metas de la persona. Según su punto de vista, la autoestima es la clave más importante para el comportamiento de la persona.

Un pobre concepto propio puede tener todo tipo de efectos negativos en uno. El poeta T. S. Eliot afirmó: «La mitad del daño que se hace en este mundo es debido a las personas que quieren sentirse importantes... No quieren hacer daño... Están absortos en la interminable lucha por pensar bien de sí mismos». La autoestima pobre crea un techo invisible que puede detener a un individuo para que no intente superar las limitaciones que se impuso.

Si está confiado y tiene una imagen propia saludable, entonces podría decir: «Oye, aumentar la dignidad de un niño lo puedo entender, pero cuando se trata de mis empleados o colegas, eso es asunto de ellos. Son adultos. Que se superen». La realidad es que la mayoría de las personas, tengan siete o cincuenta y siete años, pueden requerir ayuda con su percepción propia. Les encantaría que les aumenten su sentido de identidad. De cuestionarse eso, intente este experimento. Pídales a un par de personas que conozca que escriban en una hoja de papel todos los puntos fuertes de su personalidad. A cada persona generalmente se le ocurre una media docena. Entonces pídales que escriban todas sus debilidades. La mayoría del tiempo, ¡las listas de debilidades son al menos el doble de largas!

Samuel Johnson, el crítico y escritor del siglo dieciocho, expresó este pensamiento: «La autoconfianza es el primer gran requisito de las grandes iniciativas». La autoestima impacta cada aspecto de la vida de la persona: el empleo, la educación, las relaciones, y más. Por ejemplo, el National Institute for Student Motivation [Instituto nacional para la motivación del estudiante] condujo un estudio que mostró que el impacto de la autoconfianza en los logros académicos es mayor que el del coeficiente intelectual. Y Martin Seligman, profesor de psicología en la Universidad de Pensilvania, descubrió que las personas con alta estima obtienen trabajos mejor remunerados y tienen más éxito en sus profesiones que las personas con baja autoestima. Cuando se encuestó a representantes de una de las principales compañías de seguros, se halló que los que esperaban tener éxito vendían treinta y siete por ciento más de seguros que los que no esperaban tener éxito.

Si desea ayudar a las personas a mejorar su calidad de vida, a ser más productivas en el trabajo, y desarrollar relaciones más positivas, entonces edifique su autoestima. Haga que se sientan a gusto consigo mismas, y se derramarán los beneficios positivos en cada aspecto de sus vidas. Y cuando comiencen a experimentar esos beneficios, le estarán agradecidos.

Sentido de pertenencia

El sentido de pertenencia es una de las necesidades humanas básicas. La gente sufre cuando se siente aislada y excluida de un sentimiento de comunión con otros. Albert LaLonde señaló los peligros de este aislamiento: «Hoy muchos jóvenes jamás experimentan una profunda conexión emocional con nadie. No saben cómo amar o ser amados. La necesidad de ser amados se traduce en el requisito de pertenecer a alguien o a algo. Impulsados por su necesidad... Harán cualquier cosa por pertenecer».

Los que influyen positivamente entienden esta necesidad y hacen cosas para que las personas se sientan incluidas. Los padres se aseguran de que los niños se sientan miembros importantes de la familia. Los cónyuges hacen que la persona con quienes están casados se sienta como un compañero querido y con igual valor. Los jefes permiten que sus empleados sepan que son miembros valorados del equipo.

Los grandes líderes son particularmente habilidosos en lograr que sus seguidores se sientan incluidos. Napoleón Bonaparte, por ejemplo, era un maestro en hacer que las personas se sintieran importantes e incluidas. Se le conocía porque merodeaba por su campamento y saludaba a cada oficial por su nombre. Mientras hablaba con cada hombre, le preguntaba sobre su pueblo, su esposa, y la familia. El general hablaba respecto a una batalla o maniobra en la que sabía que el hombre había participado. El interés y el tiempo que invertía con sus seguidores hacían que experimentaran un sentido de camaradería y pertenencia. No en balde sus hombres estaban consagrados a él.

Si desea convertirse en mejor cuidador de personas, desarrolle una manera de pensar que tome en cuenta a los demás. Busque maneras de incluir a otros. Conviértase en el agricultor que todos los días amarraba su vieja mula en un arado para dos caballos y decía: «Vamos, Beauregard. Vamos, Satchel. Vamos, Robert. Vamos, Betty Lou».

Un día su vecino, al oír al agricultor, le preguntó: «¿Cuántos nombres tiene esa mula?»

«Oh, sólo tiene uno», respondió el agricultor. «Se llama Pete, pero le pongo anteojeras y menciono los otros nombres para que crea que otras mulas trabajan con él. Tiene una mejor actitud cuando es parte de un equipo».

Perspectiva

Otra cosa que las personas adquieren cuando son cuidadas es una mejor perspectiva de sí mismos. La mayoría recibe muchos comentarios negativos y crítica ajena, tanto que algunas veces comienzan a perder de vista su valor. Hay un ejemplo efectivo de esto en *A Touch of Wonder* [Un toque de maravilla], por Arthur Gordon. Relata la historia de un amigo que pertenecía a un club en la Universidad de Wisconsin. Estaba compuesto de varios jóvenes brillantes que tenían un talento genuino para la escritura. Cada vez que se reunían, uno de ellos leía un relato o ensayo que había escrito, y el resto del grupo lo analizaba y lo criticaba. Lo vicioso de sus comentarios los motivó a llamarse los «Estranguladores».

En el mismo recinto, algunas mujeres formaron un grupo, y se llamaban las «Pendencieras». Ellas también leían sus manuscritos entre sí, pero en lugar de criticarse una a la otra, trataban de encontrar cosas positivas. Se animaba a cada miembro, sin importar cuán débil o poco desarrollado fuera su escrito.

> *A la mayoría de las personas lo que*
> *no les permite avanzar no es lo que son.*
> *Es lo que creen no ser.*

Los resultados de las actividades de los dos grupos salieron a la luz veinte años después cuando se examinaron las carreras de los compañeros de clase. De los jóvenes talentosos de los «Estranguladores»,

ni uno alcanzó fama como escritor. Pero media docena de escritoras
con éxito salieron de las «Pendencieras», aunque realmente no mostraron gran perspectiva. Y algunas de las mujeres alcanzaron pro-
minencia nacional, como la ganadora del premio Pulitzer, Marjorie
Kinnan Rawlings.[4]

Para la mayoría de la gente, lo que no les permite avanzar no
es lo que son. Es lo que creen no ser. Los «Estranguladores» indudablemente hicieron que cada uno sospechara de su habilidad para
escribir, y con el tiempo se convencieron de ello. ¿Quién sabe qué
clase de talento fue aplastado por su negatividad? Pero si alguien en el
grupo hubiera tomado la iniciativa de cuidar en lugar de ser negativo,
quizás habría salido otro Hemingway, Faulkner, o Fitzgerald que le
hubiera dado al mundo otra biblioteca de obras maestras.

Todos aprecian ser cuidados, hasta los hombres y las mujeres
grandes. Una pequeña exhibición en la Institución Smithsoniana
comprueba esto. Contiene los efectos personales que llevaba Abraham
Lincoln la noche que lo mataron: un pequeño pañuelo con el bordado
«A. Lincoln», un pequeño cuchillo como el que usaban los niños en
las áreas rurales, un estuche de lentes reparado con hilo de algodón,
un billete confederado de cinco dólares, y un recorte amarillento de
periódico que celebraba sus logros como presidente. Comienza así:
«Abe Lincoln es uno de los grandes estadistas de todos los tiempos...»[5]

Como mencionamos en el capítulo anterior, Lincoln enfrentó una
crítica severa mientras ocupaba su puesto, y le habría sido fácil des-
animarse por completo. Ese artículo, gastado de tanto leerlo, indudablemente lo ayudó durante algunos tiempos muy difíciles. Lo sus-
tentó y lo ayudó a retener su perspectiva.

Sentido de trascendencia

Woody Allen dijo sarcásticamente: «Lo único que lamento en la
vida es que no soy otra persona». Aunque tal vez lo indicó para que
otros se rieran, con los problemas que ha tenido en sus relaciones a
través de los años, no podemos sino preguntarnos cuánta verdad hay

en ese comentario. En la vida, el precio que el mundo nos asigna es casi idéntico al que nos damos a nosotros mismos. Las personas que tienen mucho respeto por sí mismas y que creen tener trascendencia casi siempre son respetadas y los demás los hacen sentir valorizados.

Cuando uno cuida a las personas y les añade valor sin esperar nada a cambio, ellas se sienten significativas. Se percatan de que son valoradas, que les importan a otros. Una vez que se sientan coherentemente positivas en cuanto a sí mismas, tienen libertad para vivir más positivamente consigo y con los demás.

Esperanza

El escritor Mark Twain advirtió: «Aléjese de los que tratan de menospreciar sus anhelos. Las personas pequeñas siempre hacen eso, pero los que realmente son grandes hacen que usted también se sienta como si pudiera llegar a ser grande». ¿Cómo se siente la mayoría de los individuos cuando están a su alrededor? ¿Se sienten pequeños e insignificantes, o creen en sí mismos y tienen esperanza en lo que pueden llegar a ser?

La clave de cómo *trata* a las personas yace en la manera en que *piensa* de ellas. Es un asunto de actitud. Su manera de actuar revela lo que cree. Johann Wolfgang von Goethe enfatizó: «Trate a un hombre como aparenta ser y lo empeorará; pero trátelo como si ya fuera lo que potencialmente pudiera ser, y hará que sea lo que debería ser».

La esperanza es, quizás, el don más grande que pueda darles a otros como resultado de cuidarlos, porque aunque su sentido propio sea débil y no puedan percibir su trascendencia, aun así tienen razón para continuar tratando y luchando para concretar su potencial en el futuro.

En *Building Your Mate's Self-Esteem* [Edifique la autoestima de su cónyuge], Dennis Rainey cuenta un maravilloso relato respecto a la esperanza que cuida y que puede hacer desarrollar un tremendo potencial. Dice que había un niño llamado Tommy al que no le iba muy bien en la escuela. Hacía preguntas constantemente, y jamás podía ponerse al día. Parecía fracasar cada vez que intentaba algo. Su maestro, al fin, no pudo más, y le dijo a su madre que era incapaz de aprender y que jamás llegaría a mucho. Pero la madre de Tommy era alguien que sabía cuidar. Creía en él. Le enseñó en la casa, y cada vez que fracasaba, le daba esperanza y lo animaba a que siguiera intentándolo.

¿Qué pasó con Tommy? Se convirtió en inventor, y a la larga tuvo más de mil patentes, incluyendo las del fonógrafo y el primer bombillo incandescente eléctrico con potencial comercial. Su nombre era Thomas Edison.[6] Cuando las personas tienen esperanza, no se sabe cuán lejos pueden llegar.

CÓMO LLEGAR A SER UN
CUIDADOR NATURAL

Quizás no nació como persona cuidadora. A muchos se les dificulta ser amorosos y positivos con otros, sobre todo si el ambiente en el que crecieron no era particularmente inspirador. Pero cualquiera puede llegar a ser cuidador y añadirles valor a los demás. Si cultiva una actitud positiva pensando en otros, a usted también le podría resultar natural cuidar y disfrutar del privilegio adicional de la influencia en la vida de otros. He aquí cómo hacerlo:

- **Comprométase con ellos.** Comprométase a convertirse en un cuidador. Conságrese a ayudarles a cambiar sus prioridades y sus acciones. El amor por otros siempre encuentra una manera de ayudar; la indiferencia hacia los demás no halla otra cosa que excusas.
- **Crea en ellos.** La gente es capaz de muchas cosas para satisfacer las expectativas de los más allegados. Déles su confianza y su esperanza, y harán todo lo que puedan para no defraudarlo.
- **Póngase a su disposición.** Usted no puede cuidar a nadie a la distancia. Sólo puede hacerlo de cerca. Al comenzar el proceso con las personas, es posible que tenga que invertir mucho tiempo con ellas. Pero a medida que logren confianza en sí mismos y en la relación,

necesitarán menos contacto personal. Hasta que lleguen a ese punto, asegúrese de que tienen acceso a usted.

- **Dé sin esperar nada a cambio.** Si necesita a la gente, no puede dirigirlos, y cuidarlos es un aspecto del liderazgo. En vez de tratar de convertir eso en una transacción, dé libremente sin esperar nada a cambio. Henry Drummond, economista del siglo diecinueve, observó sabiamente: «Al observar su vida, se percatará de que los mejores instantes que vivió fueron los momentos cuando hizo cosas en un espíritu de amor».

- **Déles oportunidades.** A medida que las personas a quienes cuida logran fortaleza, déles más oportunidades para crecer y tener éxito. Continuará cuidándolos, pero mientras pasa el tiempo, sus acciones y logros los ayudarán a continuar seguros, respetados, y animados.

- **Elévelos a un nivel superior.** Su meta definitiva siempre debe ser ayudarles a avanzar a un nivel superior, que alcancen su potencial. El sustento es el fundamento sobre el cual pueden comenzar el proceso de construcción.

Se afirma que Walt Disney dijo que hay tres clases de personas en el mundo. Los envenenadores de pozos que desaniman a otros, pisotean su creatividad, y les dicen qué es lo que no pueden hacer. Los cortadores de grama, personas que tienen buenas intenciones pero están absortos en sí mismos, que cortan su grama pero jamás ayudan a otros. Y los que mejoran vidas. Esta última categoría tiene personas que se esfuerzan en enriquecer la vida de otros, que los elevan y los inspiran. Cada uno de nosotros necesita hacer todo lo que pueda para convertirse en los que mejoran vidas, para cuidarlas, para motivarlas a crecer y alcanzar su potencial. Es un proceso que requiere tiempo. (En los capítulos venideros, comunicaremos conocimientos que le mostrarán cómo ayudar a los individuos a dar pasos adicionales en ese proceso.)

Una de las historias más inspiradoras de ánimo y aliento que jamás oímos trata de John Wesley, una persona influyente que mencionamos en la introducción de este libro. En 1791, Wesley le escribió una carta a William Wilberforce, un miembro del parlamento inglés que estaba en plena lucha por la abolición del mercado esclavista británico. La carta, que se hizo famosa, decía esto:

Londres, 26 de febrero de 1791.
Querido señor:

A menos que sea inspirado por el poder divino... No veo cómo pueda sobrellevar su gloriosa empresa, oponiéndose a esa execrable villanía, que es el escándalo de la religión, de Inglaterra, y de la naturaleza humana. A menos que Dios lo haya levantado para esto, lo agotará la oposición de hombres y demonios. Pero «si Dios está con usted, ¿quién podrá oponérsele?» ¿Acaso todos ellos son más fuertes que Dios? Oh, «¡no os agotéis de hacer el bien!» Continúe, en el nombre de Dios y en el poder de su fortaleza, hasta que incluso la esclavitud americana (la más vil que jamás se viera bajo el sol) se desvanezca ante el poder de Él...

Que Quien lo ha guiado desde su juventud, continúe fortaleciéndolo en esto y todas las cosas, es la oración de,

Su afectuoso siervo:
J. Wesley

Cuatro días después, Wesley murió, a los ochenta y ocho años, pero su influencia en la vida de Wilberforce siguió por muchos años. Wilberforce no tuvo éxito en convencer al parlamento para que aboliera la esclavitud en ese momento, pero no se rindió. Continuó por décadas a pesar de las difamaciones, el envilecimiento y las amenazas. Cuando se sentía incapaz de persistir, acudía a la carta de ánimo de Wesley. Finalmente, en 1807, se abolió la trata de esclavos. Y en 1833, varios meses después de la muerte de Wilberforce, la esclavitud se hizo ilegal en todo el Imperio Británico.

Pese a ser condenado por muchos durante su carrera, Wilberforce fue enterrado con honores en la Abadía de Westminster; fue uno de los hombres más estimados de su tiempo. Parte de su epitafio lee:

Eminente como fue en cada departamento de labor pública,
Y líder en cada obra de caridad,
Ya fuera para aliviar las necesidades temporales o espirituales
de su prójimo
Su nombre siempre se identificará,
Con aquellos esfuerzos
Que, por la bendición de Dios, eliminaron de Inglaterra
La culpa de la trata de esclavos africanos,
Y preparó el camino para la abolición de la esclavitud
en cada colonia del imperio.

Quizás haya un William Wilberforce en su vida, simplemente en espera de que se sustente su grandeza. La única manera en que podrá averiguarlo es convirtiéndose en un cuidador que piense en los demás y añada valor a las personas que conozca.

Puntos para verificar la influencia
CUIDE A OTRAS PERSONAS

❏ **Desarrolle un medio ambiente cuidador en su hogar, en su negocio, o en la iglesia.** Que su meta sea hacer que quienes lo rodean se sientan amados, respetados, y seguros. Para ello, comprométase a eliminar toda crítica negativa de su manera de hablar por un mes, y buscar sólo cosas positivas para decirles a otros.

❏ **Ofrezca ánimo extraordinario.** Escoja dos o tres personas para animarlas este mes. Envíeles una nota breve escrita a mano cada semana. Póngase a la disposición de ellas y dé su tiempo sin esperar nada a cambio. A final del mes, examine sus relaciones con ellos para ver si hay un cambio positivo.

❏ **Arregle los puentes.** Piense en alguien con quien haya tenido la tendencia a ser negativo en el pasado. (Puede ser cualquiera: un colega, un familiar, o un empleado, por ejemplo). Vaya a esa persona y discúlpese por sus acciones y declaraciones anteriores. Encuentre, entonces, la cualidad que más admira de esa persona y dígasela. Durante las siguientes semanas, busque maneras de edificar y fortalecer la relación.

CAPÍTULO 3

Una persona influyente tiene . . .

FE EN LAS PERSONAS

MULTIPLICACIÓN

MENTOR

MOTIVACIÓN — *Fe*

MODELO

Jim creció en Niagara Falls, Nueva York. Hoy cuenta con una población de unas 60,000 personas, pero cuando Jim vivió allí, eran unas 100,000. Era un pujante centro industrial, con compañías como DuPont Chemical. Contaba con medios culturales, una centenaria universidad consolidada, y otras atracciones, pero entonces el foco principal del pueblo era la increíble maravilla natural de las cascadas, como lo es aún hoy.

Los indígenas iroquis la llamaban *Niagara*, que significa «trueno de aguas». Es una vista asombrosa. Cada minuto más de trescientos mil metros cúbicos de agua caen desde unos cincuenta y cuatro metros de altura sobre la orilla de las cascadas. Y su anchura total, incluyendo la porción estadounidense y la canadiense, mide unos 945 metros. Se le llama, correctamente, una de las maravillas del mundo. Jim dice:

> Cuando éramos jovencitos, escuchamos muchas historias acerca de las cascadas y las atrevidas peripecias que la gente hacía, como cuando Annie Edson Taylor se lanzó en un barril, y así por el estilo. Una de las grandes leyendas del pueblo era un acróbata francés llamado Charles Blondin que vivió entre 1824 y 1897. Cruzó la extensión de las cascadas sobre una cuerda en 1859. Eso debió requerir nervios de acero ya que una caída ciertamente lo habría matado. Es más, las cruzó varias veces. Una vez lo hizo en un barril, otra lo hizo vendado, y otra sobre zancos. Dicen que era muy destacado. Continuó presentándose hasta entrado en sus setenta.
>
> Una de las hazañas más increíbles que realizó fue cruzar las cascadas sobre una cuerda cargando a un hombre en su espalda. ¿Se lo imagina? ¡Me parece que cruzar solo no era tan difícil para él! Pese a lo difícil que esta hazaña pudiera ser para Blondin, no dejo de preguntarme cómo hizo que alguien fuera con él. Eso es lo que uno llama confianza: subirse a la espalda de un hombre que va a caminar casi un kilómetro sobre *una cuerda* atravesando las cascadas más poderosas del mundo.
>
> Acostumbraba pensar en eso cuando niño. ¿Cómo sería verlas

desde esa cuerda? Y más importante, ¿qué persona confiaría en mí para cargarle a través de ellas de la manera en que aquel hombre confió en Blondin?

ACTOS DE FE EN LAS PERSONAS

Es imposible decir la identidad del hombre que Blondin cargó a través de las cascadas, pero es indudable que tuvo gran fe en el acróbata francés. Después de todo, puso su vida en sus manos. Uno no ve ese tipo de confianza en otros con frecuencia, pero cuando se nota, es algo muy especial.

La fe en las personas es una cualidad esencial de alguien influyente que trabaja con los demás pero hoy es un producto escaso. Mire los siguientes hechos acerca de la fe:

1.   La mayoría de las personas no tienen fe en sí mismas

Hace poco vi una caricatura de Jeff MacNelly que mostraba a *Shoe* [Zapato], el brusco editor de periódico, parado sobre el montículo en un juego de béisbol. Su receptor le dijo: «Debes tener fe en tu curva». En el siguiente cuadro, Shoe indicó: «Para él es fácil decir eso. Cuando se trata de creer en mí mismo, soy agnóstico».

> *Cuando usted cree en la gente,*
> *ella hace lo imposible.*
> —*Nancy Dornan*

Así es como se sienten muchos hoy. Se les dificulta creer en sí mismos. Creen que van a fracasar. Aunque vean una luz al final del túnel, están convencidos de que es un tren. Ven la dificultad en cada posibilidad. Pero la realidad es que las dificultades raras veces derrotan a las personas; la falta de fe en sí mismas es lo que casi siempre lo hace. Con un poco de fe en sí misma, la gente puede hacer cosas milagrosas. Sin ella, las cosas realmente les resultan laboriosas.

2. *La mayoría de las personas no tienen alguien que tenga fe en ellas*

En *Just for Today* [Sólo por hoy], James Keller cuenta esta historia: «Un vendedor de flores ambulante no vendía nada. De pronto se le ocurrió un pensamiento alegre y puso este anuncio: "Esta gardenia lo hará sentirse importante todo el día por sólo diez centavos". De inmediato sus ventas aumentaron».

Hoy, en nuestra sociedad, la mayoría de la gente se siente aislada. El fuerte sentido comunitario que una vez disfrutara la mayoría de los estadounidenses se ha convertido en algo raro, y muchas personas no tienen el apoyo familiar que fue común hace unos treinta o cuarenta años. Por ejemplo, el evangelista Bill Glass señaló: «Mientras crecían, a más del noventa por ciento de los presos, sus padres les decían: "Te van a meter en la cárcel"». En vez de enseñarles a sus niños a creer en sí mismos, algunos padres los derrumban. Para muchos, hasta los más cercanos no creen en ellos. No tienen a nadie a su lado. No en balde hasta algo pequeño como una flor puede cambiar la manera en la que alguien percibe el día.

3. *La mayoría de las personas pueden notar cuando alguien tiene fe en ellas*

Los instintos de las personas son bastante buenos para saber cuando los demás tienen fe en ellas. Pueden percibir si su creencia es genuina o falsa. Tener verdadera fe en alguien puede cambiar su vida. Nancy, la esposa de Jim, muchas veces afirma: «Cuando usted cree en la gente, ella hace lo imposible».

En su libro *Move Ahead with Possibility Thinking* [Avance y crea en sus posibilidades], Robert Schuller, amigo de John, y pastor de la Catedral de Cristal en Garden Grove, California, cuenta un maravilloso relato sobre un incidente que cambió su vida cuando niño. Ocurrió cuando su tío tuvo fe en él, y lo mostró con hechos y palabras:

Su auto pasó la granja descolorida y se detuvo en medio de una nube de polvo veraniego ante nuestra puerta. Salí corriendo descalzo por el balcón astillado y vi a mi tío Henry bajando del auto. Era alto, muy apuesto, y terriblemente vigoroso. Después de muchos años como misionero en China, visitaba nuestra finca en Iowa. Corrió hasta el viejo portón y puso sus dos enormes manos en mis hombros de cuatro años. Se sonrió ampliamente, sacudió mi pelo despeinado, y dijo: «¡Bueno! ¡Me parece que tú eres Robert! Creo que un día vas a ser un gran predicador». Esa noche oré en secreto: «Querido Dios, ¡conviérteme en un predicador cuando sea grande!» Creo que Dios me convirtió en un PENSADOR DE POSIBILIDADES allí, en ese momento.

Mientras labora por convertirse en alguien influyente, recuerde siempre que su meta no es lograr que las personas piensen mejor respecto a usted. Es hacer que piensen mejor acerca de sí mismas. Tenga fe en ellas, y comenzarán a hacer exactamente eso.

Las dificultades raras veces derrotan a las personas; la falta de fe en sí mismas es lo que casi siempre lo hace.

---

4. La mayoría de las personas hará cualquier cosa para estar a la altura de su fe en ellas

Las personas se levantan o se derrumban satisfaciendo el nivel de expectativas que uno tiene en ellas. Si expresa escepticismo y duda en otros, le corresponderán con mediocridad. Pero si cree en ellos y espera que les vaya bien, se esforzarán al máximo tratando de hacer lo mejor. En ese proceso, se beneficiarán usted y ellos. John H. Spalding expresó la idea de esta manera: «Los que creen en nuestra habilidad hacen algo más que estimularnos. Crean una atmósfera para nosotros en la que se facilita el éxito».

Si jamás fue alguien que confiara en la gente y que tuviera fe en ella, cambie su manera de pensar y comience creyendo en los demás. Su vida mejorará rápidamente. Cuando tiene fe en otros, les da un regalo increíble. Déles dinero, y pronto se gastará. Déles recursos, y podrán no aprovecharlos de la mejor manera. Ayúdelos, y muchas veces se aprestarán a volver justamente a donde comenzaron. Pero déles su fe, y llegarán a ser confiados, enérgicos, e independientes. Se motivarán a adquirir lo que requieren para tener éxito por su cuenta. Y luego de compartir su dinero, sus recursos, y su ayuda, podrán usarlos mejor para edificar un mejor futuro.

LA FE ES CREER EN LA ACCIÓN

A finales de los 1800, un vendedor del este llegó a un pueblo fronterizo en algún sitio en las Grandes Planicies. Mientras hablaba con el dueño de una tienda de víveres, entró un ganadero, y el dueño se excusó para atender a su cliente. El vendedor no pudo evitar oír la conversación de ellos. Parecía que el ganadero deseaba crédito con algunas cosas que necesitaba.

—Jake, ¿vas a poner algunas cercas esta primavera? —preguntó el dueño de la tienda.

—Seguro, Bill —dijo el ganadero.

—¿Vas a cerrar o a extenderte?

—Extenderme. Voy a ocupar otros 360 acres al otro lado del arroyo.

—Qué bueno, Jake. Tienes el crédito. Ve a la parte trasera y pídele a Steve lo que necesites.

El vendedor estaba confundido.

—He visto todo tipo de sistemas de crédito —dijo—, pero jamás uno como ese. ¿Cómo opera?

—Bueno —dijo el dueño de la tienda—, permítame decirle. Si

un hombre cierra su cerca, significa que está asustado, tratando de retener lo que tiene. Pero si se extiende, está creciendo y tratando de mejorar. Siempre le doy crédito al que se extiende porque eso significa que cree en sí mismo.

Tener fe en las personas requiere algo más que simples palabras o sentimientos positivos respecto a ellas. Tenemos que respaldarlas con lo que hacemos. Como lo percibió claramente W. T. Purkiser, profesor emérito de religión en Point Loma College: «La fe es más que pensar que algo es cierto. Es pensar que es tan cierto que nos lleva a actuar».

Si desea ayudar a otros y efectuar un impacto positivo en sus vidas, tiene que tratarlos con ese tipo de confianza. Ralph Waldo Emerson dijo: «Confíe en los hombres y le serán fieles; trátelos bien y pronto serán grandes». Conviértase en un creyente en las personas, y hasta los poco experimentados e indecisos florecerán ante sus ojos.

CÓMO CONVERTIRSE EN UN CREYENTE EN LAS PERSONAS

Somos afortunados porque crecimos en ambientes positivos y afirmativos. Por eso se nos facilita creer en las personas y expresar esa creencia. Estamos conscientes de que no todos tuvieron el beneficio de una crianza positiva. La mayoría tiene que *aprender* cómo tener fe en los demás. Para edificar su creencia en otros, trate de usar estas sugerencias.

Crea en ellos antes de que tengan éxito

¿Ha visto cuantas personas apoyan un equipo deportivo tan pronto como comienza a ganar? Eso sucedió en San Diego hace un par de años cuando los Chargers [equipo de fútbol estadounidense], conquistaron su división, luego ganaron todos sus juegos en la semifinal para llegar al Super Bowl. Toda la ciudad enloqueció. Uno podía ver el relámpago, el símbolo del equipo, por todas partes: en las casas, en las ventanas traseras de los autos, en broches, y así por el estilo.

En el clímax del éxito de los Chargers, un par de personajes radiales, llamados Jeff y Jer, unieron al pueblo de San Diego auspiciando un enorme acto matutino en el estadio. Su plan era darles a las personas que aparecieran, franelas con los emblemas del equipo y hacer que se alinearan en el estacionamiento para formar un relámpago gigante. Luego le tomarían una fotografía desde un helicóptero y la pondrían en el periódico de la mañana siguiente. Necesitaban un par de miles de personas para hacerlo, pero esperaban que aparecieran las suficientes como para poder hacerlo. Imagínense su sorpresa cuando aparecieron tantas personas que se quedaron sin franelas, y terminaron rodeando el «relámpago humano» con un borde adicional. Fue algo tan llamativo que algunos servicios noticiosos lo registraron y salió en las noticias nacionales.

A todo el mundo le encanta un ganador. Es fácil tener fe en individuos ya probados. Es mucho más difícil creer en las personas *antes* de que se prueben a sí mismas, pero esa es la clave para motivarlas a que alcancen su potencial. Tiene que creer en ellas primero, antes de que lleguen a tener éxito, y algunas veces antes de que siquiera crean en sí mismas. El escritor francés y moralista Joseph Joubert dijo: «Nadie puede dar fe a menos que tenga. El persuadido es quien persuade». Necesita fe en otros antes de poder persuadirlos a creer en ellos mismos.

Algunas personas en su vida quieren creer desesperadamente en sí mismas pero tienen poca esperanza. A medida que se relaciona con ellas, recuerde el refrán del héroe francés de la Primera Guerra Mundial, Marshal Ferdinand Foch: «No hay situaciones desesperadas; sólo hay hombres y mujeres que se han desesperado por ellas». Cada persona tiene semillas de grandeza por dentro, aunque ahora puedan estar dormidas. Cuando uno cree en la gente, les echa agua a las semillas y les da la oportunidad de crecer.

Cada vez que pone su fe en ellos, les está dando el agua proveedora de vida, calor, alimento, y luz. De continuar dando ánimo mediante su creencia en ellas, estas personas florecerán a su tiempo.

Enfatice sus fortalezas

Ya mencionamos que mucha gente piensa erróneamente que para influir en los demás, tiene que ser una «autoridad» y señalarles sus deficiencias. Los que tratan ese método llegan a ser como Lucy la de Charlie Brown, la tira cómica de Charles Schulz. En una tirilla Lucy le dice al pobre Carlitos, «Carlitos, ¡eres un gol nulo en la portería de la vida! ¡Estás a la sombra de tus goles! ¡Eres un mal tiro! ¡Eres tres golpes en el hoyo dieciocho! ¡Eres un tiro fallido en el décimo lanzamiento de bolos!... Eres un tiro libre errado, un mal golpe de golf y ¡un tercer lanzamiento cantado! ¿Entiendes? ¿Me explico?» ¡Esa, en verdad, no es una manera de impactar positivamente la vida de otra persona!

El camino para convertirse en una influencia positiva en otros yace exactamente en la dirección opuesta. La mejor manera de mostrarles su fe en ellos y motivarlos es enfocar su atención en sus fortalezas. Según Bruce Barton, autor y ejecutivo de mercadeo: «Jamás se logró nada espléndido excepto con los que se atrevieron a creer que algo dentro de ellos era superior a las circunstancias».

Enfatizar los puntos fuertes de las personas las ayuda a creer que poseen lo que necesitan para tener éxito.

Creer en las personas antes de probarse
a sí mismos es la clave para
motivarlas a alcanzar su potencial.

Elógielas por lo que hacen bien, tanto en público como en privado. Dígales cuánto aprecia sus cualidades positivas y sus destrezas. En cualquier momento que tenga la oportunidad de elogiarlas y alabarlas en presencia de su familia y sus amigos íntimos, hágalo.

Anote sus éxitos pasados

Aunque enfatice los puntos fuertes de las personas, es posible que necesite más ánimo para mostrarles que cree en ellas, y para motivarlas. La empresaria Mary Kay Ash aconseja: «Todo el mundo tiene un anuncio invisible colgando de su cuello que dice: "¡Hágame sentir importante!" Jamás olvide este mensaje cuando trabaje con las personas». Una de las mejores maneras de hacer eso es ayudando a lo demás a recordar sus éxitos pasados.

El relato de David y Goliat presenta un ejemplo clásico de la forma en que los éxitos pasados pueden ayudar alguien a tener fe en sí mismo. Es posible que recuerde el relato de la Biblia. Un campeón filisteo de casi tres metros de alto llamado Goliat se paró frente al ejército de Israel y los insultó todos los días durante cuarenta días, retándolos a enviar un guerrero a enfrentarse con él. El cuadragésimo día, un joven pastor llamado David llegó al frente de batalla a llevarles comida a sus hermanos, que estaban en el ejército de Israel. Mientras permanecía allí, fue testigo del despliegue contencioso del gigante entre retos y burlas. David se enojó tanto que le dijo a Saúl, rey de Israel, que deseaba enfrentarse al gigante. He aquí lo que sucedió:

> Y dijo David a Saúl: No desmaye el corazón de ninguno a causa de él; tu siervo irá y peleará contra este filisteo. Dijo Saúl a David: No podrás tú ir contra aquel filisteo, para pelear con él; porque tú eres muchacho, y él un hombre de guerra desde su juventud. David respondió a Saúl: Tu siervo era pastor de las ovejas de su padre; y cuando venía un león, o un oso, y tomaba algún cordero de la manada, salía yo tras él, y lo hería, y lo libraba de su boca; y si se levantaba contra mí, yo le echaba mano de la quijada, y lo hería y lo mataba. Fuese león, fuese oso, tu siervo lo mataba... Jehová, que me ha librado de las garras del león y de las garras del oso, él también me librará de la mano de este filisteo.[1]

David recordó sus antiguos éxitos, y tuvo confianza en sus acciones futuras. Y por supuesto, al enfrentar al gigante, este cayó como un árbol, con sólo una piedra y una honda. Cuando le cortó la cabeza a Goliat, su éxito inspiró a sus paisanos; y vencieron al ejército filisteo.

No todo el mundo tiene la habilidad natural de reconocer los éxitos pasados y obtener confianza de ellos. Algunas personas necesitan ayuda. Si puede mostrarles que les ha ido bien en el pasado y ayudarles a ver que sus victorias pasadas pavimentan el camino para éxitos futuros, estarán mejor capacitados para moverse y actuar. Anotar los éxitos pasados les ayuda a creer en sí mismos.

Incúlqueles confianza cuando fracasen

Cuando anima a las personas a tener fe en sí mismas, y comienzan a creer que pueden tener éxito en la vida, rápidamente llegan a encrucijadas críticas. La primera o segunda vez que fracasen, y fracasarán porque es parte de la vida, tendrán dos elecciones. Pueden ceder o continuar.

Hay quienes son tenaces y están dispuestos a seguir intentando el éxito, aun cuando no vean progreso inmediato; pero otros no son tan determinados. Algunos desfallecerán ante la primera señal de problemas. Para darles un empujón e inspirarlos, tiene que seguir mostrándoles confianza, aunque cometan errores o lo hagan pobremente.

Una de las maneras de hacer eso es contarles sus traumas y problemas pasados. Algunas veces las personas piensan que si usted tiene éxito ahora, es porque siempre fue así. No se percatan de que también tuvo su racha de caídas, errores y fracasos. Muéstreles que el éxito es un viaje, un proceso, no un destino. Cuando se percaten de que fracasó y aun así se las arregló para tener éxito, sabrán que fracasar no es nada malo. Y su confianza seguirá intacta. Aprenderán a pensar como la leyenda del béisbol, Babe Ruth, cuando dijo: «Jamás permita que el temor a arremeter se interponga en su camino».

Experimenten algunos triunfos juntos

No basta simplemente saber que el fracaso es parte del avance en la vida. En verdad, para que la gente se motive a conseguir el éxito, les hace falta creer que pueden ganar. John, como muchos de nosotros, gustó del éxito cuando era un simple niño. Y afirma:

> Cuando era un jovencito, idolatraba a mi hermano Larry, que tiene dos años más que yo. Después de mis padres, él probablemente era la influencia principal en mi niñez. Larry siempre fue un gran líder y un excelente atleta. Y siempre que jugábamos básquetbol, fútbol, o béisbol con los niños en el vecindario, él era el capitán.
>
> Muchas veces cuando escogían equipos, yo era el último que seleccionaban, porque era más joven y pequeño que la mayoría de los otros niños. Pero cuando maduré, Larry comenzó a escogerme más, y eso siempre me hizo sentir bien, no sólo porque implicaba interés por parte de mi hermano, sino porque sabía que si me escogía, estaría en el equipo ganador. Larry era un competidor feroz, y no le gustaba perder. Siempre jugaba para ganar, y usualmente lo hacía. Juntos ganamos muchas veces, y esperaba el triunfo cuando jugaba con él.

Ganar es motivador. El novelista David Ambrose reconoció esta verdad: «Si tiene voluntad para ganar, alcanzó la mitad de su éxito; si no, ha alcanzado la mitad de su fracaso». Acercarse a otros para ayudarlos a experimentar juntos algunas victorias les da razones para creer que tendrán éxito. En el proceso, sienten la victoria. Ahí es que comienzan a pasar cosas increíbles en sus vidas. Mire esta comparación entre lo que sucede cuando las personas sienten la victoria y cuando experimentan la derrota:

Cuando las personas sienten la victoria	Cuando las personas sienten la derrota
Se sacrifican por el éxito	Dan lo menos posible
Buscan maneras de ganar	Buscan excusas
Son enérgicos	Se cansan
Siguen el plan de juego	Ignoran el plan de juego
Ayudan a los otros miembros del equipo	Hieren a otros

Para ayudar a las personas a creer que pueden alcanzar la victoria, ubíquelas en donde puedan experimentar éxitos pequeños. Anímeles a realizar tareas o asumir responsabilidades que usted sabe que pueden lidiar y hacer bien. Déles la asistencia que necesitan para tener éxito. Como dijera Demóstenes, el orador griego: «Las oportunidades pequeñas muchas veces son el comienzo de grandes empresas». Con el tiempo, a medida que crezca su confianza, asumirán retos más difíciles, pero podrán enfrentarlos con confianza y habilidad por la experiencia positiva que están desarrollando.

Imagínese los éxitos futuros de ellos

Escuchamos acerca de un experimento hecho con ratas de laboratorio para evaluar su motivación para vivir bajo distintas circunstancias. Los científicos pusieron una rata en una jarra llena de agua colocada en un lugar oscuro, y midieron cuánto tiempo continuaría nadando el animal antes de rendirse y ahogarse. Observaron que la rata casi siempre duraba poco más de tres minutos.

Luego pusieron otra rata en la misma clase de jarra, pero en vez de colocarla en completa oscuridad, permitieron que fuera iluminada por un rayo de luz. Bajo esas circunstancias, la rata siguió nadando treinta y seis horas. ¡Eso excede setecientas veces más que la que estaba a oscuras! Como la rata podía ver, mantenía la esperanza.

Si eso ocurre con animales de laboratorio, piense cuán fuerte puede ser el efecto de la imaginación en las personas, que tienen la habilidad del raciocinio. Se dice que un individuo puede vivir cuarenta días sin comida, cuatro días sin agua, cuatro minutos sin aire, pero sólo cuatro segundos sin esperanza. Cada vez que usted les presenta una visión a los demás y crea una imagen de su éxito futuro, los edifica, los motiva, y les da razones para continuar.

Espere un nuevo nivel de vida

Konrad Adenauer, estadista alemán, observó: «Todos vivimos bajo el mismo cielo, pero no todos tenemos el mismo horizonte». Como persona influyente, tiene la meta de ayudar a otros a ver más allá del hoy y sus circunstancias actuales, y soñar grandes sueños. Cuando uno pone su fe en los demás, los ayuda a extender sus horizontes y los motiva a moverse a todo un nuevo nivel de vida.

> *Para ayudar a las personas a creer que*
> *pueden alcanzar el triunfo, póngalas*
> *a experimentar pequeños éxitos.*

Algo integral para esa nueva manera de vivir es un cambio de actitud. Según Denis Waitley: «La ventaja del ganador no yace en un nacimiento dotado, un gran coeficiente intelectual, o el talento. La ventaja del ganador está en la actitud, no la aptitud. La actitud es el criterio para el éxito». A medida que las actitudes de las personas pasan de la duda a la confianza, en sí mismas y en su habilidad de tener éxito y alcanzar su potencial, todo en sus vidas mejora.

Hace varios años, Jim y Nancy lograron increíbles conocimientos respecto al poder de ejercer su fe en otros, al decidir arriesgarse con su hijo Eric en una montaña en Utah. He aquí el relato de Jim acerca de ello:

Cuando uno tiene un niño impedido, libra una constante batalla emocional entre darle nuevas experiencias y protegerlo de las heridas, y el fracaso. Nuestra vida con Eric no es la excepción. A pesar de sus limitaciones, que incluyen usar una silla de ruedas y manipular poco su mano derecha, Eric tiene un gran espíritu positivo. Muchas veces los que titubeamos al intentar cosas nuevas somos Nancy y yo, en vez de él.

Hace unos cinco años, Nancy tuvo la idea de que lleváramos a Eric a esquiar. Una amiga le contó acerca de un lugar en Park City, Utah, llamado National Ability Center [Centro Nacional de Habilidades]. Allí les ofrecen a las personas impedidas instrucción y asistencia para esquiar en la nieve, nadar, jugar tenis, esquiar en el agua, montar a caballo, navegar en balsas, y otras actividades. Ella pensaba que la experiencia sería muy buena para la autoestima de él.

Tengo que reconocer que desde el mismo principio dudé de ello. Sabiendo cuán difícil es el deporte para mí, se me hacía difícil imaginarme a Eric disparado por una montaña de más de tres mil metros. Y saber que un golpe en la cabeza de Eric podría causarle un ataque que lo llevaría al hospital para otra cirugía cerebral no ayudaba en nada. No obstante Nancy tenía fe en que él podía hacerlo; y cuando ella cree, él también. Así que salimos a intentarlo.

Cuando llegamos a Deer Valley, y conocimos algunas de las personas que trabajan en el National Ability Center, comencé a sentirme un poco mejor. Eran profesionales y muy positivos, y nos mostraron el equipo que Eric usaría, un tipo de esquí doble con un asiento moldeado. Lo pondrían en una silla y manejaría usando una barra unida a unos esquís en una horqueta.

Cuando comenzamos a llenar los formularios, nos paralizamos parcialmente al leer la renuncia voluntaria que decía que Eric estaría «involucrado en actividades que incluían arriesgarse a heridas serias, discapacidad permanente y muerte». Eso hizo que el riesgo pareciera muy real, pero ya en ese momento Eric estaba muy emocionado y no queríamos que nos viera titubeando.

Luego de ajustar a Eric con una cinta fuerte en su esquí doble y darle algunas instrucciones, Stephanie, su joven instructora, lo llevó a la colina de aprendices. Unos diez minutos después, nos emocionamos al ver a Eric bajando por la colina con una gran sonrisa en su rostro. Estábamos tan orgullosos de él que lo saludamos chocando las manos y dándole palmadas en la espalda. Me dije: *No fue tan malo.*

Entonces volvieron a salir. Lo que no sabíamos era que esta vez iría al tope de la montaña. Esperamos al pie de la colina. Y esperamos. No estábamos seguros si íbamos a verlo bajar en sus esquís o en una camilla con la patrulla de la montaña. Finalmente, después de unos treinta minutos, lo vimos con Stephanie salir y esquiar hasta el pie de la loma. Sus mejillas estaban rojizas, y sonreía como el gato Cheshire. Le gustaba.

«Papá, muévete» dijo mientras pasaba volando. «Voy a subir de nuevo».

Eric esquió todos los días durante ese viaje. Es más, un día al terminar de esquiar, nos dijo:

—Hoy Stephanie no me subió a la montaña.

—Oh —dijo Nancy—, ¿entonces quién esquió contigo?

—Un tipo con una sola pierna —respondió Eric.

—¡Qué! —gritó Nancy—. ¿Cómo que un tipo con una sola pierna?

—Anjá —dijo Eric—, un tipo con una sola pierna.

Y entonces Eric se sonrió juguetonamente y dijo:

—¿Quieres saber cómo perdió su pierna? ¡En una avalancha!

Eric esquía cada año desde entonces, y su vida no ha sido igual. Ahora tiene la confianza que jamás tuvo, y está dispuesto a intentar casi cualquier cosa. Nada tres días a la semana, levanta pesas, juega balompié, y hace otro tipo de cosas. Me parece que uno podría decir que adoptó como suyo el refrán del National Ability Center: «Si puedo hacer esto, ¡puedo hacer cualquier cosa!»

Si hubieran hecho las cosas como quería Jim, Eric jamás habría tenido la oportunidad de experimentar lo que hizo en aquella montaña en Utah, hace cinco años. Jim ama a Eric con todo su corazón, pero tiende a irse a la segura. Poner su fe en los demás implica arriesgarse, pero las recompensas superan los riesgos. Roberto Louis Stevenson dijo: «Ser lo que somos, y llegar a ser lo que podemos ser, es el único fin de la vida». Cuando pone su fe en otros, los ayuda a alcanzar su potencial y usted llega a ser una influencia importante en sus vidas.

Puntos para verificar la influencia
TENGA FE EN OTRAS PERSONAS

❏ **Busque un punto fuerte.** Piense en alguien a quien le gustaría animar. Busque un punto fuerte de la persona, y señáleselo. Use su interacción como oportunidad para expresar confianza en esa persona.

❏ **Edifique sobre éxitos pasados.** Si en el futuro cercano tiene que darle a alguien una tarea difícil, invierta algún tiempo en recordar sus éxitos. Entonces cuando se reúna con la persona, rememore esos éxitos. (Si pasa por este proceso y no puede recordar ninguno, es señal de que ha invertido muy poco tiempo conociendo a la persona. Planee invertir juntos algún tiempo para conocerse mejor.)

❏ **Ayude a otros a sobreponerse a la derrota.** Si tiene colegas, amistades, empleados, o familiares que hace poco experimentaron una derrota de algún tipo, invierta tiempo para hablar con ellos respecto a eso. Permita que le cuenten toda la historia, y cuando terminen, aclare que los valora y aún cree mucho en ellos.

❏ **Comience bien.** La próxima vez que reclute nuevas personas para su organización, comience bien las relaciones. En lugar de esperar hasta que se prueben a sí mismos para elogiarlos, asegúrese de afirmar repetidamente su fe en ellos y su habilidad *antes* de que le den resultados. Se complacerá por su deseo de saciar sus expectativas positivas.

CAPÍTULO 4

Una persona influyente . . .

LOGRA ESCUCHAR
A LAS PERSONAS

MULTIPLICACIÓN

MENTOR

MOTIVACIÓN — *Logra escuchar*

MODELO

Si hoy fuera a una entrevista laboral, ¿cuál diría usted que es la destreza más importante que necesita? ¿Acaso es la escritura, para escribir un tremendo currículum vitae? ¿O quizás la habilidad de vender? Después de todo, ¿no es eso lo que uno hace en una entrevista: venderse uno mismo? ¿Y qué del carisma? Si es carismático, seguro que obtendrá el trabajo que desea, ¿verdad?

O digamos que en vez de ir a una entrevista, iba a pasarse el día reclutando, sean prospectos para los negocios, obreros ministeriales, o personas para jugar en su equipo de béisbol. ¿Qué destreza le haría falta como reclutador? ¿Discernimiento? ¿Ojo para el talento? ¿La habilidad de dilucidar una visión y emocionar a las personas? ¿O quizás sería la habilidad para ser firme en las negociaciones?

Mejor aun, digamos que hoy su trabajo es suplirle nuevas ideas a su organización. ¿Qué cualidades necesitaría? ¿Creatividad? ¿Inteligencia? ¿Mejor educación? ¿Cuál es la habilidad principal que necesitaría?

Sin importar cuál de esas tres tareas asumiera hoy, requeriría una destreza por encima del resto, más que el talento, el discernimiento, o el encanto. La que todos los grandes líderes reconocen como algo indispensable para su habilidad para influir en los demás y que tengan éxito. ¿Sabe cuál es? La habilidad de escuchar.

No todo el mundo se apresta a aprender la lección de la importancia de oír. Tome, por ejemplo, la experiencia de Jim:

Acabado de graduar de la escuela de ingeniería de la Universidad Purdue, comencé en el medio ambiente corporativo en McDonnell-Douglas en donde había unos 40,000 empleados. Trabajaba en el grupo de diseño avanzado para el DC-10, haciendo análisis de túneles de viento y simulacros computarizados de la capacidad del aeroplano.

No me tomó mucho tiempo percatarme de que no iba a estar allí durante toda mi carrera. Algunos de los muchachos con los que trabajé llevaban allí dos décadas, y para ellos nada había cambiado durante ese tiempo. Estaban en un patrón de espera, aguardando el reloj de oro; pero yo quería tener un impacto mayor en mi mundo.

Entonces fue que empecé a buscar otras oportunidades de negocios, y cuando encontré la correcta, comencé a tratar de reclutar a otros para se me unieran. En ese entonces mi estrategia era reunirme con personas en la cafetería de los empleados. Luego de esperar en fila para recoger mi almuerzo, buscaba un asiento al lado de algún tipo que luciera bien y estuviera sentado solo, y comenzaba a charlar con él. A la primera oportunidad que tenía, lo bombardeaba con información y trataba de convencerlo con hechos impresionantes y una lógica irrefutable. Me las arreglé para intimidar a unos cuantos con el poder de mis convicciones, pero no pude edificar una relación constructiva con nadie.

Estuve haciendo eso durante varios meses, con poco éxito, cuando un día estaba simplemente hablando con un tipo de otro departamento. Me contaba de las frustraciones que tenía con su jefe, y sobre algunos problemas que tenía en su hogar. Acababa de enterarse de que su hijo necesitaba frenos para los dientes, su vieja chatarra de auto ya estaba en las últimas, y no estaba seguro de que iba a poder lidiar con todo. Realmente me apené por él, y quise conocerlo mejor. Entonces de pronto me percaté de que podía ayudarlo. Se sentía indefenso en el trabajo, y tenía problemas financieros, dos cosas que podían resolverse de tener su propio negocio. Así que comencé a contarle acerca de mi negocio y explicarle cómo podría solucionar algunos de sus problemas. Me sorprendí al ver que estaba verdaderamente interesado.

Ese día me golpeó: *¡Qué idiota he sido! No puedo tener éxito con los demás tirándoles información. Si quiero ayudarlos o impactarlos positivamente, ¡necesito aprender cómo escucharlos!*

EL VALOR DE ESCUCHAR

Edgar Watson Howe bromeó en una ocasión: «Ningún hombre le escucharía hablar de no saber que luego tendrá su turno». Por desgracia, eso describe precisamente la manera en la cual demasiadas personas utilizan la comunicación, están demasiado ocupados esperando su turno para escuchar verdaderamente a otros. Pero las personas influyentes entienden el increíble valor de convertirse en un buen oyente. Por ejemplo, cuando Lyndon B. Johnson era un joven senador de Texas, mantenía un cartel en su oficina que decía: «No aprendes nada cuando eres el único que habla». Y Woodrow Wilson, el vigésimo octavo presidente estadounidense, dijo en una ocasión: «El oído del líder debe zumbar con las voces del pueblo».

La habilidad de escuchar de manera diestra es una clave para lograr influir a otros. Hallamos que escuchar ofrece los siguientes beneficios, considérelos:

Escuchar muestra respeto

La psicóloga Joyce Brothers afirmó: «Escuchar, no imitar, podría ser la forma más sincera de adular». Cuando uno no le presta atención a lo que otros tienen que decir, les dice que no los valora; pero cuando escucha a los demás, expresa respeto. Aun más, les muestra que está interesado. Paul Tillich, el teólogo y filósofo nacido en Alemania, comentó: «El primer deber del amor es escuchar».

Un error que las personas cometen con frecuencia al comunicarse es esforzarse mucho en impresionar a la otra persona. Intentan aparentar ser inteligentes, cómicos, o entretenidos. Si desea relacionarse bien con los demás, tiene que estar dispuesto a enfocarse en lo que tengan que ofrecer. *Impresiónese e interésese*, no sea *impresionante e interesante*. El poeta Ralph Waldo Emerson reconoció: «Cada hombre que conozco es en cierta medida mi superior, y puedo aprender de él». Recuerde eso y escuche, y las líneas de comunicación realmente se abrirán.

Escuchar construye relaciones

Dale Carnegie, autor de *Cómo ganar amigos e influir sobre las personas*, aconsejó: «Puede ganar más amigos en dos semanas, convirtiéndose en buen oyente, que en dos años tratando de hacer que otros se interesen en usted». Carnegie tenía un increíble don para las relaciones. Reconoció que las personas enfocadas en sí mismas y que todo el tiempo hablan sobre ellos y sus intereses raras veces desarrollan relaciones fuertes con otros. David Schwartz señaló en *Pensar en grande: La magia del éxito*: «La gente grande monopoliza el proceso auditivo. La pequeña el del habla».

Al convertirse en un buen oyente, puede conectarse con otros a más niveles y desarrollar relaciones más fuertes y profundas porque satisface una necesidad. El autor C. Neil Strait indicó que «todo el mundo necesita a alguien que realmente lo escuche». Cuando uno se convierte en ese oyente importante, ayuda a esa persona y da un paso significativo para convertirse en una persona influyente en su vida.

Escuchar aumenta el conocimiento

Wilson Mizner dijo: «Un buen oyente no sólo es popular en todas partes, después de un tiempo sabe algo». Sorprende cuánto puede aprender de sus amistades y familia, su trabajo, la organización en la cual trabaja, y usted mismo al decidirse a escuchar verdaderamente a los demás. Pero no todos se sintonizan con este beneficio. Por ejemplo, escuchamos un relato sobre un jugador profesional de tenis que le daba una lección a un estudiante nuevo. Luego de ver al novicio golpear la pelota varias veces, el profesional lo detuvo y le sugirió maneras en las cuales podía mejorar su técnica. Cada vez que lo hacía, el estudiante lo interrumpía y le ofrecía su opinión respecto al problema y cómo debía solucionarse. Luego de varias interrupciones, el profesional comenzó a asentir con su cabeza.

Cuando la lección terminó, una mujer que observaba le dijo al profesional: «¿Por qué siguió con las estúpidas sugerencias de ese hombre arrogante?»

Jamás sabrá cuán cerca está de una idea millonaria a menos que se disponga a escuchar.

El profesional se sonrió y respondió: «Hace tiempo que aprendí que tratar de venderle verdaderas *respuestas* a alguien que simplemente desea comprar *ecos* es una pérdida de tiempo».

Tenga cuidado y no se ubique en una posición en donde piense que conoce todas las respuestas. Siempre que lo haga, se ubicará en el peligro. Es casi imposible creerse «el experto» y continuar creciendo y aprendiendo al mismo tiempo. Todos los grandes aprendices son grandes oyentes.

Un problema común de las personas, a medida que adquieren más autoridad, es que muchas veces escuchan menos, sobre todo a los que les reportan. Aunque es cierto que mientras más uno sube, menos forzado se ve a escuchar a otros, también es cierto que aumenta su necesidad de buenas destrezas auditivas. Mientras más se aparta del frente de batalla, más tiene que depender de los demás para obtener información confiable. Sólo si desarrolla buenas destrezas auditivas temprano, y continúa utilizándolas, podrá reunir la información que necesita para tener éxito.

Mientras avanza en la vida y llega a tener más éxito, no pierda de vista su necesidad de seguir creciendo y mejorándose. Recuerde, un oído sordo es evidencia de una mente cerrada.

Escuchar genera ideas

Las ideas frescas e innovadoras nos ayudan a encontrar nuevas maneras de solucionar viejos problemas, para generar nuevos productos y procesos que mantengan nuestras organizaciones creciendo, y continuar creciendo y mejorándonos a nivel personal. Plutarco, de la antigua Grecia, afirmó: «Aprenda cómo escuchar, y se beneficiará hasta de aquellos que hablen mal».

Cuando pensamos en compañías innovadoras que jamás parecen quedarse sin ideas, inmediatamente pienso en 3M. Esa compañía parece desarrollar nuevos productos más rápido que cualquier otro fabricante. La organización tiene la reputación de ser receptiva a las ideas de los empleados y a escuchar a los clientes. Es más, un representante de 3M dijo que el recurso número uno de ideas para productos son las quejas de los clientes.

Las buenas compañías tienen la reputación de escuchar a su gente. Los restaurantes Chili's, una de las cadenas de restaurantes mejor administradas de la nación según la revista *Restaurants and Institutions* [Restaurantes e instituciones], también son conocidos por esa cualidad. Casi ochenta por ciento de su menú proviene de sugerencias de los gerentes de unidades.

Un buen consejo para las compañías también lo es para los individuos. Cuando uno escucha coherentemente a otros, jamás sufre por no tener ideas. A las personas les encanta contribuir, sobre todo cuando su líder los hace partícipes del crédito. Si les da oportunidades para que expresen sus pensamientos, y los escucha con receptividad, siempre habrá un flujo de ideas nuevas. Y aunque oiga algunas poco útiles, escucharlas simplemente puede encender otros pensamientos creativos en usted y en los demás. Jamás sabrá cuán cerca está de una idea millonaria a menos que esté dispuesto a escuchar.

Escuchar edifica la lealtad

Algo gracioso sucede cuando uno no suele oír a la gente. Ellos encontrarán a otros que lo hagan. Siempre que los empleados, cónyuges, colegas, niños, o amistades no creen que los escuchen, buscarán quienes les den lo que desean. Algunas veces las consecuencias pueden ser desastrosas: el final de una amistad, la falta de autoridad en el trabajo, la reducción de la influencia paternal, o el rompimiento de un matrimonio.

*Nadie perdió jamás una venta
por escuchar.*

Por otro lado, practicar buenas destrezas auditivas atrae a las personas hacia usted. Karl Menninger, psiquiatra, autor, y uno de los iniciadores de la Fundación Menninger, dijo: «Las amistades que nos escuchan son las que nos atraen, y queremos sentarnos a su alrededor». A todo el mundo le encanta un buen oyente y se sienten atraídos a ella o él. Y si escucha coherentemente a otros, valorándolos por lo que tienen que ofrecer, es probable que desarrollen una gran lealtad hacia usted, aun cuando su autoridad con ellos sea informal o extraoficial.

Escuchar es una gran manera de ayudar a otros y a sí mismo

Roger G. Imhoff exhortó: «Permita que otros confíen en usted. Es posible que eso no lo ayude, pero ciertamente los ayudará a ellos». A primera vista, escuchar a los demás parecerá que sólo los beneficia a ellos, pero cuando se convierte en un buen oyente, se ubica donde usted mismo puede ayudarse porque adquiere la habilidad de desarrollar relaciones fuertes, reunir información valiosa, y aumentar su entendimiento de otros y de sí mismo.

LO QUE COMÚNMENTE IMPIDE QUE ESCUCHEMOS

Poca gente alcanza su potencial en lo que se refiere a escuchar. Si no es tan diestro escuchando como quisiera, lo primero que tiene que hacer es mejorar su habilidad para detectar lo que generalmente impide que escuchemos:

Exagerar el valor del habla

Cierta vez un cómico describió oír como algo «compuesto de las rudas interrupciones entre mis exclamaciones». La actitud de muchos en cuanto a escuchar concuerda con esa declaración más de lo que quisieran reconocer. Por ejemplo, si les preguntara a seis personas cómo mejorarían sus destrezas de comunicación, la mayoría describiría la necesidad de llegar a ser más convincente o agudizar sus destrezas de oratoria. Pocos citarían el deseo de escuchar mejor.

La mayoría exagera el valor de hablar y menosprecia el oír, aun aquellos en trabajos relacionados con personas, como las ventas. La verdad es que la comunicación efectiva no es la persuasión; es escuchar. Piense en ello: Nadie jamás perdió una venta por *escuchar*.

Los buenos comunicadores saben cómo vigilar su promedio de hablar y escuchar. El presidente Abraham Lincoln, considerado como uno de los líderes y comunicadores más efectivos en la historia de nuestra nación, dijo: «Cuando me estoy preparando para razonar con un hombre, me paso un tercio de mi tiempo pensando en mí y lo que voy a decir, y dos tercios pensando en él y lo que va a decir». Ese es un promedio a seguir. Escuche el doble de lo que hable.

Falta de enfoque

Para algunos, especialmente los que tienen mucha energía, detenerse lo suficiente como para escuchar puede ser desafiante. La mayoría de las personas tiende a hablar unas 180 palabras por minuto, pero pueden escuchar unas 300 a 500. Esa disparidad puede crear tensión y hacer que el oyente se desenfoque. La mayoría de las personas tratan de llenar esa brecha en la comunicación buscando otras cosas qué hacer, como soñar despierto, pensar en su itinerario diario o repasar mentalmente su lista de cosas por hacer, o mirar a otras personas. Se parece a lo que hacemos cuando manejamos un auto. Es raro que solamente miremos la carretera y no hagamos nada más. Usualmente miramos el paisaje, comemos y bebemos, hablamos, o escuchamos la radio.

Sin embargo, si desea convertirse en mejor oyente, necesita aprender a dirigir esa energía y atención positivamente concentrándose en la persona con quien está. Observe el lenguaje corporal. Mire los cambios en la expresión facial. Vea los ojos de la persona. El experto en administración Peter Drucker señaló: «Lo más importante en la comunicación es escuchar lo que se dice». Si gasta su energía adicional observando a la persona minuciosamente e interpretando lo que dice, sus destrezas auditivas mejorarán en forma dramática.

La fatiga mental

El antiguo presidente Ronald Reagan contó un relato gracioso de dos psiquiatras, de diferente edad. Cada día llegaban al trabajo vestidos inmaculadamente y alertas, pero al final del día, el más joven estaba agotado y desaliñado mientras que el mayor estaba tan fresco como nunca.

—¿Cómo haces? —Le preguntó finalmente el psiquiatra más joven a su colega—. Siempre estás tan fresco luego de escuchar pacientes todo el día.

—Es fácil. Jamás escucho —replicó el otro.[1]

Siempre que escuche a otros durante extensos períodos de tiempo, el efecto puede ser fatigador. Cualquier tipo de fatiga mental puede afectar negativamente su habilidad para escuchar.

Oímos un relato de una mujer de ochenta y nueve años con problemas auditivos, que visitó a su médico, y este, luego de examinarla, dijo: «Ahora tenemos un procedimiento que puede corregir su problema auditivo. ¿Para cuándo quisiera la operación?»

«No va a haber ninguna operación porque no quiero que corrijan mi sentido auditivo» dijo la mujer. «Tengo ochenta y nueve años, ¡ya escuché bastante!»

Si está cansado de enfrentar circunstancias difíciles, recuerde que para seguir siendo un líder efectivo, tiene que desenterrar más energía, concentrarse, y continuar enfocado.

Los estereotipos

Estereotipar a otros puede ser una enorme barrera para escuchar. Tiende a hacer que escuchemos lo que esperamos en lugar de lo que dice el otro realmente. La mayoría de nosotros piensa que no caemos en esta trampa, pero en cierta medida todos lo hacemos. Lea la siguiente lista cómica de quebrantadores de estereotipos de un fragmento llamado «Cosas que me gustaría escuchar, pero no las oigo» creada por David Grimes. Si jamás espera escuchar ninguna de estas cosas de las personas nombradas, entonces puede ser culpable de estereotipar:

De mi mecánico automotriz:

«Esa pieza es mucho menos cara de lo que pensé».

«Puede reparar eso por mucho menos costo en el taller que sigue».

«Simplemente era un cable suelto. No cuesta nada».

De un dependiente:

«La caja registradora computarizada no está funcionando. Simplemente voy a sumar sus compras con lápiz y papel».

«Voy a tomar mi receso *después* que termine de atender estos clientes».

«Lamento haberle vendido mercancía defectuosa. Vamos a recogerla en su hogar y traerle una nueva o devolverle el dinero, lo que prefiera».

De un contratista:

«Quien haya trabajado en esto antes ciertamente sabía lo que hacía».

«Creo que le ofrecí un estimado demasiado alto».

Del dentista:

«Creo que está usando mucho el hilo dental».

«No le preguntaré nada hasta que le saque el palillo de la boca».

De un camarero:

«Creo que es presuntuoso que un camarero ofrezca su nombre, pero ya que lo pregunta, el nombre es Tim».

«Fui lento y poco atento. No puedo aceptar ninguna propina».[2]

Estas declaraciones son ingeniosas, y también son un recordatorio de que es mala idea estereotipar a los demás. Siempre que los trate estrictamente como miembros de un grupo en vez de individuos, puede meterse en problemas, así que cuídese. Si habla con ellos y piensa que son chiflados de la informática, típicos adolescentes, rubias bobas, el tipo de ingeniero estirado, o algún otro representante de un grupo, en vez de personas individuales, cuídese. Es posible que realmente no esté escuchando lo que tengan que decir.

La carga emocional personal

Casi todo el mundo tiene filtros emocionales que le impiden escuchar ciertas cosas que los demás tienen que decir. Sus experiencias, tanto positivas como negativas, colorean la manera en la que usted ve la vida y moldea sus expectativas. Las particularmente fuertes, como los traumas o incidentes de la niñez, pueden hacer que tienda a reaccionar de la misma manera siempre que se perciba en una situación parecida. Como dijera Mark Twain en una ocasión: «Un gato que se sienta en una estufa caliente jamás volverá a sentarse en una así. Tampoco se sentará en una fría. De ahí en adelante, a ese gato simplemente no le gustarán las estufas».

Si jamás resuelve sus fuertes experiencias emocionales, es posible que filtre lo que otros digan mediante esas experiencias. Si anda preocupado con ciertos temas, si uno en particular lo pone a la defensiva, o si frecuentemente proyecta su punto de vista en otros, es probable que tenga que resolver sus asuntos antes de que pueda convertirse en un líder efectivo.

Sigmund Freud afirmó: «Un hombre con dolor de dientes no puede estar enamorado», indicando que ese dolor no le permite percatarse de ninguna otra cosa más que de él. Igualmente, siempre que una persona tenga algo por resolver, las palabras de otros se ahogarán en el transcurso.

El egocentrismo

Tal vez la barrera más formidable para escuchar es la obsesión consigo mismo. Hace muchos años vimos un drama televisivo que ilustra este punto muy bien. Un esposo miraba la televisión, y su esposa trataba de involucrarlo en una conversación:

ESPOSA: Querido, el plomero no pudo llegar a tiempo para reparar la gotera en el calentador.

ESPOSO: Anjá.

ESPOSA: Así que la tubería estalló y se inundó el sótano.

ESPOSO: Cállate. Es el tercer tiempo y van a llegar a la meta.

ESPOSA: Parte del alambrado se mojó, y Tribilín casi se electrocutó.

ESPOSO: Oh, no, hay un hombre disponible. ¡Tírala! Anotó.

ESPOSA: El veterinario dice que se mejorará en una semana.

ESPOSO: ¿Puedes darme algo de comer?

ESPOSA: El plomero al fin vino y se alegró porque como nuestra tubería se rompió ahora puede costearse las vacaciones.

ESPOSO: ¿Acaso no *oyes*? ¡Dije que tenía hambre!

ESPOSA: Y, Javier, te voy a dejar. El plomero y yo vamos a volar a Acapulco por la mañana.

ESPOSO: ¿Puedes dejarte de habladurías y darme algo de comer? Aquí el problema es que nadie me escucha jamás.

Si no le importa nadie más que usted, no escuchará a los demás. Lo irónico es que cuando no escucha, el daño que se hace definitivamente es mayor que el que les hace a ellos.

CÓMO DESARROLLAR DESTREZAS AUDITIVAS

Según Brian Adams, autor de *Sales Cybernetics* [Ventas cibernéticas], durante un día común y corriente, nos pasamos la mayor parte del tiempo escuchando. Él ofrece las siguientes estadísticas:

> Nueve por ciento del día se gasta escribiendo
> Dieciséis por ciento del día se usa leyendo
> Treinta por ciento del día se lo pasa hablando
> Cuarenta y cinco por ciento del día se gasta *escuchando*.[3]

Así que probablemente concuerde con que escuchar es importante. Pero, ¿qué significa escuchar? Oímos un relato acerca de una clase de apreciación musical en una escuela secundaria que provee una respuesta significativa a esa pregunta. El maestro de la clase pidió que un voluntario explicara la diferencia entre escuchar y oír. Al principio nadie quiso responder, pero finalmente, un estudiante levantó su mano. Cuando el maestro lo llamó, él dijo: «Escuchar es *desear* oír».

Esa respuesta es un buen punto de arranque. Para convertirse en un buen oyente, tiene que desear oír. Aunque también necesita algunas destrezas para lograrlo. He aquí nueve sugerencias para ayudarlo a convertirse en un buen oyente:

1. Mire al que habla

Todo el proceso de escuchar comienza prestándole toda su atención a la otra persona. Mientras interactúa con alguien, no trate de ponerse al día con otro trabajo, no mueva papeles, no limpie los platos, ni mire televisión. Separe tiempo para enfocarse solamente en la otra persona. De no tener el tiempo en ese momento, entonces prográmelo tan pronto como pueda.

2. No interrumpa

La mayoría de la gente reacciona de mala manera al ser interrumpida pues hace que se sienta insultada. Según Robert L. Montgomery, autor de *Listening Made Easy* [Cómo escuchar más fácilmente]: «Simplemente es malo pisotear las ideas de las personas como si le pisoteara los pies».

Aquellos que tienden a interrumpir a otros generalmente lo hacen por una de estas razones:

- No valoran lo suficiente lo que la otra persona tiene que decir.
- Quieren impresionar a otros mostrando cuán inteligentes o intuitivos son.
- Están demasiado emocionados con la conversación como para permitir que los demás terminen de hablar.

Si tiene la costumbre de interrumpir a otras personas, examine sus motivaciones y determine realizar un cambio. Déles a los demás el tiempo que necesitan para expresarse y no crea que uno de ustedes tiene que estar hablando todo el tiempo. Los períodos de silencio le dan la oportunidad de reflexionar en lo que se dice para poder responder apropiadamente.

3. Concéntrese en entender

¿Se ha percatado de cuán rápidamente la mayoría de las personas se olvidan de las cosas que escuchan? Los estudios en instituciones como Michigan State, Ohio State, Florida State, y la Universidad de Minnesota indican que la mayoría de los individuos sólo puede recordar un cincuenta por ciento de lo que escucha inmediatamente después de oírlo. Y a medida que pasa el tiempo, su habilidad para recordar continúa disminuyendo. Para el día siguiente, su retentiva usualmente disminuye a más o menos veinticinco por ciento.

Una manera de combatir esa tendencia es hacer que su meta sea entender en vez de meramente recordar los hechos. Herb Cohen, abogado, conferencista, y autor, enfatizó que: «Escuchar efectivamente requiere más que oír las palabras trasmitidas. Demanda que encuentre significado y entendimiento en lo que se dice. Después de todo, los significados no están en las palabras sino en las personas».

Para aumentar su entendimiento de otros a medida que escucha, siga estas directrices ofrecidas por Eric Allenbaugh:

1.   Escuche con el corazón y la cabeza conectados.
2.   Escuche con la intención de entender.
3.   Escuche el mensaje y el mensaje tras el mensaje.

4. Escuche el contenido y los sentimientos.
5. Escuche con sus ojos, mejorará su manera de hacerlo.
6. Escuche los intereses de los demás, no su posición única-mente.
7. Escuche lo que dicen y lo que no dicen.
8. Escuche con empatía y aceptación.
9. Escuche las áreas que los atemorizan y los hieren.
10. Escuche como quisiera ser escuchado.[4]

A medida que aprenda a ponerse en el lugar de otra persona, aumentará su habilidad para entender; y mientras más grande sea su habilidad para entender, se convertirá en un mejor oyente.

4. *Determine la necesidad al momento*

La habilidad para discernir al momento la necesidad de la otra persona es importante para convertirse en un oyente efectivo. Las personas hablan por razones muy diferentes: para recibir consuelo, para desahogarse, para persuadir, para informar, para ser comprendidas, o para aliviar el nerviosismo. Muchas veces le hablan por razones que no se ajustan a sus expectativas.

Muchos hombres y mujeres permanecen en conflicto porque ocasionalmente se comunican con fines opuestos. Ignoran la determinación de la necesidad de la otra persona en el momento de interactuar. Los hombres casi siempre desean solucionar todos los problemas que discuten; su necesidad es la resolución. Por otra parte, es más probable que las mujeres hablen de un problema simplemente para comunicarlo; muchas veces no piden ni desean soluciones. Cada vez que pueda determinar la necesidad actual de las personas con quienes se comunica, podrá ubicar lo que digan en el contexto apropiado, y podrá entenderles mejor.

5. *Examine sus emociones*

Como ya mencionamos, la mayoría tiene cargas emocionales que los llevan a reaccionar ante ciertas personas o situaciones. Siempre que se emocione demasiado al escuchar a otra persona, examine sus emociones, sobre todo si su reacción parece ser más fuerte de lo que la situación exige. Usted no querrá que alguien confiado sea objeto de su desahogo. Además, aunque sus reacciones no se deban a un suceso de su pasado, siempre debe dejar que otros terminen de explicar sus puntos de vista, ideas, o convicciones antes de ofrecer las suyas.

6. Suspenda su juicio

¿Ha escuchado a otra persona contar un relato y empezar a responder antes de que termine? Casi todo el mundo lo hace, pero lo cierto es que uno no puede asumir conclusiones y ser un buen oyente al mismo tiempo. Mientras habla con otros, espere a escuchar todo el relato antes de responder. Si no lo hace, podría obviar lo más importante que quería decir.

7. Resuma en los principales intervalos

Los expertos concuerdan que escuchar es más efectivo cuando es activo. John H. Melchinger sugiere: «Comente acerca de lo que escucha, e individualice sus comentarios. Por ejemplo, puede decir, "Amarilis, eso obviamente es importante para ti". Lo mantendrá en su curso como oyente. Supere el "Eso es interesante". Si se entrena a comentar de forma significativa, el que habla sabrá que está escuchando y podría ofrecer más información».

Una técnica para escuchar de manera activa es resumir lo que la otra persona dice en los intervalos principales. Mientras el que habla termina un tema, parafrasee sus puntos principales o ideas antes de continuar al próximo, y verifique que obtuvo el mensaje correcto. Hacer eso reafirma a la persona y le ayuda a mantenerse enfocado en lo que está tratando de comunicar.

8. Haga preguntas aclaratorias

¿Ha notado que los principales reporteros son excelentes oyentes? Mire a alguien como Bárbara Walters, por ejemplo. Ella mira al individuo que habla, se concentra en entender, suspende el juicio, y resume lo que la persona tenga que decir. Los demás confían en ella y parecen estar dispuestos a contarle prácticamente todo. Pero ella practica otra destreza que la ayuda a reunir más información y aumentar su entendimiento de la persona que entrevista. Hace buenas preguntas.

Si desea convertirse en un oyente efectivo, conviértase en un buen reportero, no del tipo que le espeta un micrófono en la cara a la gente gritando preguntas, sino uno que gentilmente hace preguntas para darle seguimiento al asunto y aclararlo. Si le muestra a las personas cuán interesado está y hace las preguntas sin intimidar, se sorprenderá de cuánto le dirán.

9. Que escuchar sea su prioridad

Lo último que hay que recordar al desarrollar sus destrezas auditivas es hacer que escuchar sea lo más importante, sin importar cuán ocupado esté o cuánto haya avanzado en su organización. Un sorprendente ejemplo de un ejecutivo que organizó tiempo para escuchar fue el difunto Sam Walton, fundador de Wal-Mart [cadena de tiendas por departamento], y uno de los hombres más adinerados de Estados Unidos. Creía en escuchar a las personas, especialmente sus empleados. Una vez voló en su avión a Monte Pleasant, Texas, aterrizó y le dijo a su copiloto que se encontrara con él a unos 161 kilómetros más adelante en el camino. Entonces se montó en un camión de Wal-Mart, el resto del camino, sólo para charlar con el conductor. Para todos nosotros escuchar debería tener esa importancia.

Si les muestra a las personas cuán interesado
está y hace las preguntas sin intimidar, se
sorprenderá de cuánto le dirán.

Muchas personas creen que tienen la habilidad de escuchar. La mayoría considera que escuchar es fácil, y se perciben como buenos oyentes, pero aunque es cierto que esa mayoría puede oír, pocos son capaces de escuchar verdaderamente.

En nuestras carreras, hemos hablado mucho. Entre nosotros dos, les hablamos a varios miles de personas al año. Nancy, la esposa de Jim, habla mucho, y créanos, ¡lo hace muy bien! Sin embargo también es una maravillosa oyente, y al hablar algunas veces, trata sobre la comunicación y la importancia de escuchar. No hace mucho ofreció una charla en cuanto a escuchar que enfatizaba darles a los demás el beneficio de la duda y tratar de ver las cosas desde su punto de vista.

Ese día, en la audiencia, estaba un hombre llamado Rodney. Aunque estaba felizmente casado, y con un hijo joven, tenía dos hijas de su primera esposa. Además, tenía problemas con esta. Constantemente lo llamaba y le pedía más dinero para ella y las niñas. Discutían siempre, lo estaba enloqueciendo, ya había empleado un abogado y estaba preparado para demandarla.

Pero cuando ese día Rodney escuchó a Nancy hablar sobre escuchar, se percató de cuán insensible había sido con su ex esposa Charlotte. Un par de días después, la llamó y le preguntó si podían reunirse. Ella sospechaba de Rodney y hasta le pidió a su abogado que lo llamara para averiguar sus intenciones. Ala larga, Rodney los convenció de que simplemente deseaba hablar, y al fin, Charlotte accedió a hablar con él.

Se reunieron en una cafetería, y Rodney dijo:

—Charlotte, quiero escucharte. Dime cómo está tu vida. Tú y las niñas realmente me interesan.

—No creía que estuvieras interesado en ellas —dijo mientras comenzaba a sollozar.

—Sí lo estoy —dijo—. Lo siento. Sólo he pensado en mí, y no en ti. Por favor perdóname.

—¿Por qué estás haciendo esto? —preguntó ella.

—Porque quiero enderezar las cosas —respondió—. He estado tan enojado por tanto tiempo que no podía entender bien. Ahora, dime cómo te va a ti y a las niñas.

Por un rato, Charlotte solamente podía sollozar. Entonces empezó a contarle de sus luchas como madre soltera y cómo se esforzaba lo mejor posible por criar a las niñas, pero que no parecía suficiente. Hablaron por horas, y mientras lo hacían, se formó el comienzo de un nuevo fundamento de respeto mutuo. Creen que con el tiempo pueden volver a ser amigos.

Rodney quizá no está solo. ¿Puede pensar en personas a quienes no ha escuchado últimamente? Y, ¿qué está haciendo para solucionarlo? Jamás es demasiado tarde para convertirse en un buen oyente. Puede cambiar su vida, y las vidas de los que están a su alrededor.

Puntos para verificar la influencia
LOGRE ESCUCHAR A LAS PERSONAS

❏ **Mida sus destrezas auditivas.** Que alguien que lo conozca bien
use las siguientes preguntas para evaluar sus destrezas auditivas
según las nueve cualidades del buen oír discutidas en este capítulo. Pídale que explique cualquier respuesta negativa y no inte-
rrumpa ni se defienda mientras recibe la explicación.

1. ¿Usualmente miro a quien me habla mientras lo hace?
2. ¿Espero que quien habla termine antes de responder?
3. ¿Hago que mi meta sea la comprensión?
4. ¿Soy muy sensible a la necesidad inmediata del que habla?
5. ¿Practico la evaluación de mis emociones?
6. ¿Suspendo regularmente mi juicio hasta tener toda la historia?
7. ¿Practico el resumen de lo que la persona que habla dice en
   intervalos importantes?
8. ¿Hago preguntas aclaratorias cuando son necesarias?
9. ¿Les comunico a los demás que escuchar es algo prioritario?

❏ **Estrategias para mejorar.** Basado en las respuestas recibidas,
anote tres maneras mediante las cuales pudiera mejorar sus destrezas auditivas:

1. _____
2. _____
3. _____

Comprométase a concretar esas mejorías en las siguientes semanas.

❏ **Planee un momento para escuchar.** Esta semana, haga una
cita con la persona más importante en su vida, y planifique invertir juntos una hora comunicándose solamente. Préstele a esa persona toda su atención, e invierta al menos dos tercios del tiempo
simplemente escuchándola.

CAPÍTULO 5

Una persona influyente es . . .

UN ENTENDEDOR DE LAS PERSONAS

MULTIPLICACIÓN

MENTOR

MOTIVACIÓN — *Un entendedor*

MODELO

La otra noche durante la cena, los dos hablábamos, y comenzamos a explorar algunas interrogantes. ¿Cómo edifica una persona una organización? ¿Qué se necesita? ¿Cuál es la clave para tener éxito? Por ejemplo, ¿qué hacía falta para que alguien como Jim lograra una organización de negocios activa en veintiséis países, e impactara la vida de cientos de miles de personas? O en el caso de John, ¿qué se requería para triplicar el tamaño de su iglesia, convirtiéndola en la más grande de su denominación, y en el transcurso aumentar su presupuesto de unos 800 mil dólares a más de 5 millones, así como elevar la participación activa de los voluntarios de sólo 112 a más de 1,800 personas?

No importa si su negocio es crear programas de computación, vender libros, servir comida en un restaurante, construir casas, o diseñar aeroplanos. La clave para el éxito es entender a la gente. Jim dice:

> No soy como John. No crecí orientado hacia las personas. Mientras estuvo en el bachillerato tomó cursos de Dale Carnegie y salió a la universidad seguro de que trabajaría en algo relacionado con la gente. Yo fui a la Universidad Purdue y estudié ingeniería aeronáutica. Cuando terminé mi licenciatura, creí que había dos claves para el éxito en cualquier trabajo: destrezas técnicas y labor ardua. Jamás se me ocurrió que las habilidades humanas tuvieran valor.
>
> Entré a mi primer empleo listo para trabajar y repleto de conocimiento técnico. Purdue me había dado una educación de primera, y siempre creí en trabajar duro. Pero no me tomó mucho tiempo percatarme de que el éxito en los negocios reside en poder trabajar con las personas. Es más, todo en la vida es lidiar con gente. Descubrí que eso es válido no sólo profesionalmente, como ingeniero, consultor o empresario, sino en cada aspecto de la vida, ya fuera interactuando con mi familia, trabajando con uno de los maestros de los niños, o confraternizando con los amigos.
>
> Si uno no puede entender a las personas y trabajar con ellas,

no logra nada, y ciertamente no puede convertirse en una persona influyente.

Entender a las personas paga grandes dividendos

En *Climbing the Executive Ladder* [Cómo trepar la escalera ejecutiva], los autores Kienzle y Dare dicen: «Pocas cosas le pagarán mayores dividendos que el tiempo y el esfuerzo que invierta en entender a las personas. Casi nada le añadirá más a su estatura como ejecutivo y como persona. Nada le proveerá mayor satisfacción ni le dará más felicidad».

> *Cuando comprendemos el punto de vista de otra persona, lo que está tratando de hacer, nueve de cada diez veces está tratando hacer lo correcto.*
> —*Harry Truman*

La habilidad de entender a la gente es uno de los mejores recursos que cualquiera podría tener. Eso tiene el potencial de impactar positivamente cada área de su vida, no solamente el campo de los negocios. Por ejemplo, observe cómo entender a las personas ayudó a esta madre de un preescolar. Ella afirmó:

Dejé a mi hijo de cuatro años en la casa, salí a poner algo en el basurero. Cuando intenté abrir la puerta para entrar, estaba cerrada. Sabía que insistirle a mi hijo para que la abriera habría llevado una hora de discusión. Así que con voz triste, le dije: «Oh, qué lástima. Te acabas de encerrar en la casa». La puerta abrió al momento.

Entender a las personas ciertamente impacta su habilidad de comunicarse. David Burns, médico y profesor de psiquiatría en la

Universidad de Pensilvania, observó: «El mayor error que uno puede cometer al tratar de hablar convincentemente es destacar las ideas y sentimientos que expresa. Lo que la mayoría de las personas realmente desean es que las escuchen, respeten, y comprendan. Al momento que se sienten comprendidas, se motivan más a entender su punto de vista». Si puede aprender a entender cómo piensan, lo que sienten, qué los inspira, cómo es probable que actúen y reaccionen en una situación dada, entonces podrá motivarlos e influirlos de manera positiva.

POR QUÉ LAS PERSONAS NO ENTIENDEN A LOS DEMÁS

No entender a otros es una fuente periódica de tensión en nuestra sociedad. Una vez escuchamos a un abogado decir: «La mitad de las controversias y conflictos que surgen entre las personas son causadas por no entenderse entre sí, y no por las diferencias de opinión o la incapacidad para concordar». Si pudiéramos reducir la cantidad de malentendidos, las cortes no estuvieran tan atiborradas, habría menos crímenes violentos, el promedio de divorcio bajaría, y la cantidad de tensión diaria que la mayoría de la gente experimenta disminuiría en forma dramática.

Si entender es un recurso tan valioso, ¿por qué no hay más personas que lo practiquen? Son muchas las razones:

Temor

El colono estadounidense del siglo diecisiete William Penn, aconsejó: «No desprecie ni se oponga a lo que no entienda», muchos sin embargo parecen hacer exactamente lo contrario. Cuando no entienden a otros, muchas veces reaccionan atemorizándose. Cuando eso sucede, es raro que traten de sobreponerse a su temor para aprender más acerca de ellos. Se convierte en un círculo vicioso.

Lamentablemente, cuando los empleados reaccionan ante sus

líderes en los trabajos, el temor es evidente. Los trabajadores temen a sus supervisores y estos son intimidados por los gerentes. Ambos grupos, con frecuencia, temen a los ejecutivos. Esa situación produce sospecha, falta de comunicación, y reduce la productividad. Por ejemplo, según el Dr. M. Michael Markowich, vicepresidente de recursos humanos en United Hospitals, Inc., los empleados titubean cuando sugieren ideas. He aquí algunas razones:

- Creen que serán rechazadas.
- Sienten que a sus compañeros no les agradarán.
- Temen que el jefe se sienta amenazado por ellas.
- Piensan que no obtendrán el crédito si ellas resultan.
- Se preocupan porque los califiquen de problemáticos.
- Temen perder sus empleos, si no dan resultado.[1]

El tema común en todas esas razones es el temor. No obstante, en un ambiente laboral saludable, si usted les da el beneficio de la duda a los demás, y reemplaza el temor con el entendimiento, todos pueden trabajar juntos de manera positiva. Lo único que las personas tienen que hacer es seguir el consejo del presidente Harry Truman, que afirmó: «Cuando comprendemos el punto de vista de otra persona, lo que está tratando de hacer, nueve de cada diez veces está tratando de hacer lo correcto».

Egocentrismo

Aunque el temor no sea una piedra de tropiezo para el entendimiento, el egocentrismo muchas veces lo es. Alguien señaló: «Hay dos lados para cada pregunta, siempre y cuando no nos afecte personalmente». Así piensan muchos. No todo el mundo es egocéntrico a propósito; simplemente, es natural que las personas piensen primero en sus intereses propios. Si desea ver un ejemplo de eso, juegue con un niño de dos años. Seguro que elegirá los mejores juguetes para sí e insistirá en lo que le guste.

Una manera de sobreponernos a nuestro egocentrismo natural es tratar de ver las cosas desde la perspectiva de los demás. Hablando a un grupo de vendedores, Art Mortell, refirió esta experiencia: «Siempre que voy perdiendo en el ajedrez, me levanto, me paro tras mi oponente, y veo el tablero desde su puesto. Entonces comienzo a descubrir las movidas tontas que hice, ya que puedo ver desde su punto de vista. El reto del vendedor es ver al mundo desde el punto de vista del prospecto».[2]

Ese es el reto para cada uno de nosotros, sea cual sea nuestra profesión. Hay una cita que John guardó hace años llamada «Un breve curso de relaciones humanas». Es posible que la haya escuchado porque hace tiempo que se conoce. Nos recuerda cuáles deberían ser nuestras prioridades al lidiar con otras personas:

La palabra menos importante: Yo.

La palabra más importante: Nosotros.

Las dos palabras más importantes: Estoy agradecido.

Las tres palabras más importantes: Todo está perdonado.

Las cuatro palabras más importantes: ¿Cuál es su opinión?

Las cinco palabras más importantes: Hizo un trabajo muy bueno.

Las seis palabras más importantes: Quiero entenderlo a usted mucho mejor.

Cambiar su actitud del egocentrismo al entendimiento siempre requiere voluntad y compromiso para tratar de ver las cosas desde el punto de vista de la otra persona.

No apreciar bien las diferencias

El próximo paso lógico, después de abandonar el egocentrismo, es aprender a reconocer y respetar las cualidades singulares de todo el mundo. En vez de tratar de moldear a otros a su imagen, aprenda a apreciar sus diferencias. Si alguien tiene un talento que usted no posee, ¡fantástico! Los dos pueden fortalecer sus debilidades mutuas. Si los demás proceden de otra cultura, amplíe sus horizontes y aprenda lo que pueda de ellos. Su nuevo conocimiento lo ayudará a relacionarse no sólo con ellos, sino con todos. Celebre las diferencias de temperamento. La variedad produce dinámicas interesantes entre las personas. Por ejemplo, John tiene un temperamento colérico sanguíneo, que indica que le encanta divertirse y disfruta de tomar decisiones en un abrir y cerrar de ojos. Jim, por otro lado, es flemático melancólico. Es un gran pensador y procesador de información, y cuando tiene que decidir, reúne tantos datos como sea posible para tomar las decisiones sabias. Separados, nos va bien; pero somos más efectivos aun cuando estamos juntos.

Una vez que uno aprende a apreciar las diferencias de las otras personas, se percata de que hay muchas respuestas al liderazgo y a la motivación. Joseph Beck, el presidente de la Corporación Kenley, reconoció esa verdad al decir que una persona influyente «debe darse cuenta de que las personas son motivadas de maneras distintas. Un buen entrenador de baloncesto, por ejemplo, sabe cuando un jugador necesita ánimo para superarse, o una "patada en el trasero". La diferencia principal es que todos los jugadores necesitan ánimo, y sólo algunos requieren una "patada en el trasero"».

No reconocer las similitudes

A medida que aprende más acerca de las personas y llega a conocerlas mejor, pronto comienza a percatarse de que tienen mucho en común. Todos tenemos esperanzas y temores, gozos y penas, triunfos y problemas. Es probable que la adolescencia sea el tiempo cuando las personas están menos inclinadas a reconocer sus afinidades con los demás. Nos cruzamos con un relato que ilustra eso:

Una niña adolescente le hablaba a su padre acerca de todos sus problemas. Le contó de la terrible presión que enfrentaba, sus conflictos con los amigos, y las dificultades con las materias escolares y los maestros. Tratando de ayudarla a poner todo en perspectiva, le dijo que la vida no era tan tenebrosa como parecía y, en efecto, era probable que gran parte de su preocupación fuera innecesaria.

«Papá, para ti es fácil decir eso» respondió ella. «Ya resolviste todos tus problemas».

Todas las personas tienen una reacción emocional a lo que sucede a su alrededor. Para promover el entendimiento, piense en cuáles serían *sus* emociones si estuviera en la misma posición que la persona con quien se relaciona en ese momento. Usted sabe qué es lo que quisiera que pasara en una situación en particular. Lo más probable es que la persona con la que trabaja tenga muchos de los mismos sentimientos.

Hallamos un maravilloso ejemplo de alguien que entiende esta metodología. En una tienda de caramelos que únicamente vendía sus exóticos chocolates en grandes cantidades, había una dependiente, en particular, que siempre tenía clientes en fila mientras que las otras se la pasaban paradas sin hacer nada. El dueño de la tienda se percató de cómo los clientes acudían a ella, finalmente le preguntó el secreto.

«Es fácil» dijo. «Las otras muchachas cogen poco más de lo que pide el cliente, y comienzan a quitar los que sobran. Yo siempre sacó menos, y luego añado los que faltan. Los clientes perciben que me ocupo de ellos y de que les doy la porción apropiada».

LO QUE TODOS NECESITAN ENTENDER ACERCA DE LAS PERSONAS

Conocer qué necesitan y les hace falta a las personas es la clave para entenderlas. Y si uno puede entenderlas, puede influir en ellas e impactar sus vidas de manera positiva. Si redujéramos todas las cosas que conocemos respecto a entender a los demás, y las resumiéramos a una lista breve, identificaríamos estas cinco cosas:

1. *Todo el mundo quiere ser alguien*

No hay una persona en el mundo que no desee ser alguien, y tener trascendencia. Hasta la menos ambiciosa y modesta desea ser muy estimada por los demás.

John recuerda la primera vez que estos sentimientos se le removieron con fuerza. Fue cuando estaba en cuarto grado:

Fui a mi primer juego de baloncesto cuando tenía nueve años de edad. Todavía puedo verlo en mi mente. Me paré con mis amigos en el balcón del gimnasio. Lo que mejor recuerdo no es el partido; fue el anuncio de los jugadores que iban a comenzar el partido. Apagaron todas las luces, y encendieron unos focos direccionales. El anunciador pronunció los nombres de los jugadores que iban a comenzar, y salieron, uno por uno, corriendo al centro de la cancha, todos vitoreaban en el sitio.

Me incliné sobre el balcón como un niño de cuarto grado, y afirmé: «¡Vaya!, me gustaría pasar por eso». Es más, cuando terminaron las presentaciones, vi a mi amigo Bobby Wilson, y le dije: «Bobby, cuando llegue a la secundaria, van a anunciar mi nombre, y saldré en medio de la luz al centro de esa cancha de baloncesto. Y la gente va a vitorearme porque voy a ser alguien».

Me fui a la casa esa noche y le dije a mi papá: «Quiero ser un jugador de baloncesto». Poco después, me compró una pelota Spalding, y pusimos una canasta en el garaje. Acostumbraba sacar la nieve de la entrada a la casa para practicar mis tiros libres y jugar baloncesto, porque soñaba convertirme en alguien.

Es gracioso cómo ese tipo de sueño puede impactar su vida. Recuerdo que en sexto grado jugamos baloncesto escolar, y nuestro equipo ganó unos dos partidos, así que fuimos al gimnasio de la calle Old Mill, en Circleville, Ohio, donde vi el juego de baloncesto cuando estaba en cuarto grado. Al llegar allí, en vez de salir a la cancha con el resto de los jugadores mientras calentaban, fui al banco en el que estuvieron aquellos jugadores de secundaria dos años atrás. Me senté exactamente donde ellos se sentaron, y cerré mis ojos (el equivalente a apagar las luces en el gimnasio). Entonces, en mi mente, escuché que anunciaban mi nombre, y salí corriendo al centro de la cancha.

Me sentí tan bien al escuchar ese aplauso imaginario que

pensé: *¡Lo haré de nuevo!* Y así lo hice. En efecto, lo hice tres veces, y de pronto me percaté de que mis amigos no estaban jugando baloncesto; simplemente me veían incrédulos. Pero no me importó porque me acerqué un paso más a la persona que soñaba ser.

Todo el mundo desea ser apreciado y estimado por los demás. En otras palabras, todo el mundo quiere ser alguien. Una vez que esa información se convierte en parte de su diario pensar, usted adquiere tremendo conocimiento respecto a por qué las personas hacen lo que hacen. Y si trata a cada persona que conoce como si fuera el sujeto más importante del mundo, le expresará que *es* alguien, para usted.

2. *A nadie le interesa cuánto sabe usted hasta que saben cuánto le importan*

Para ser alguien influyente, tiene que amar a las personas antes que tratar de dirigirlas. Cuando saben que se interesa y se preocupa por ellas, cambian sus sentimientos hacia usted.

Mostrarles que está interesado en ellas no siempre es sencillo. Sus mejores momentos, y sus recuerdos más queridos, vendrán a raíz de la gente, pero igual será con los más trágicos, difíciles y dolorosos. Las personas son sus principales recursos y sus mayores impedimentos. El reto es seguir interesado en ellas sin importar nada.

Nos encontramos con algo llamado «Los mandamientos paradójicos del liderazgo». He aquí lo que dicen:

La gente es ilógica, irrazonable, y egocéntrica, ámela de todas maneras.

Si hace el bien, las personas lo acusarán de motivaciones egoístas, hágalo de todos modos.

Si tiene éxito, ganará amistades falsas y verdaderos enemigos, téngalo de todas maneras.

Es posible que mañana olviden el bien que hace hoy, hágalo igual.

La honestidad y la franqueza lo hacen vulnerable, sea honesto y franco de todos modos.

El hombre más grande con ideas gigantes puede ser derribado

por el hombre más pequeño con una mente enana, piense en
grande de todas maneras.
La gente favorece a los de abajo, pero sólo sigue a los de arriba; de
todas formas pelee por los de abajo.
Lo que se pasó construyendo por años podría destruirse de un día a
otro, construya de todas maneras.
En verdad, las personas necesitan ayuda, pero podrían atacarlo si lo
hace; ayúdelas de igual modo.
Déle lo mejor que tenga al mundo, y lo despreciarán; déselo igualmente.[3]

Si lo mejor es posible, entonces lo bueno no basta.

Si desea ayudar a otros y convertirse en alguien influyente, siga
sonriendo, compartiendo, dando, y ofreciendo la otra mejilla. Esa es
la manera correcta de tratar a la gente. Además, usted nunca sabe qué
personas en su esfera de influencia se levantarán e impactarán su vida
y la de los demás.

3. *Todos necesitan a alguien*

Contrario a la creencia popular, no hay tal cosa como hombres
y mujeres que han llegado a donde están por sus propios esfuerzos.
Todo el mundo necesita amistad, ánimo, y ayuda. Lo que las personas
pueden realizar por sí mismas es casi nada comparado con su potencial al trabajar con otros. Y hacer cosas con otra gente tiende a traer
contentamiento. Además, es extraño que los «Llaneros Solitarios»
sean gente feliz. Salomón, el antiguo rey de Israel, expresó de esta
manera el valor de trabajar juntos:

Mejores son dos que uno; porque tienen mejor paga de su trabajo.
Porque si cayeren, el uno levantará a su compañero;
Pero ¡ay del solo! que cuando cayere, no habrá segundo que lo
levante.
También si dos durmieren juntos, se calentarán mutuamente; mas
¿cómo se calentará uno solo?

Y si alguno prevaleciere contra uno, dos le resistirán; y cordón de tres dobleces no se rompe pronto.[4]

Los que tratan de hacerlo todo solos, muchas veces se meten en líos. Uno de los relatos más extraños que jamás vimos de algo así, es el que redactó, en una hoja de reclamo de una compañía aseguradora, un obrero que se lastimó en cierto lugar de construcción. Intentaba bajar una carga de ladrillos del piso superior de un edificio sin pedir ayuda a nadie. Escribió:

Habría gastado mucho tiempo bajando todos los ladrillos a mano, así que decidí ponerlos en un barril y bajarlos con una polea que ajusté al tope del edificio. Después de asegurar la soga a nivel del piso, subí a lo más alto del edificio, la até alrededor del barril, llené este con ladrillos, y lo suspendí sobre la acera para el descenso. Entonces bajé a la acera y desaté la soga, aguantándola con firmeza para bajar el barril lentamente. Pero como sólo peso unos 63 kilogramos, la carga, con sus 227, me haló del piso tan rápido que no tuve tiempo para pensar en soltar la soga. Mientras pasaba por el segundo y el tercer piso choqué con el barril que bajaba. Esto da cuenta de las magulladuras y laceraciones en la parte superior de mi cuerpo.

Sostuve la soga firmemente hasta que llegué al tope, donde mi mano se atascó con la polea. De eso, mi pulgar roto.

Sin embargo, al mismo tiempo, el barril golpeó la acera con un estallido y botó la parte inferior. Como se le salió la carga, el barril pesaba únicamente unos 18 kilos. Por lo tanto mi cuerpo de unos 63 kilos comenzó un rápido descenso, y choqué con el barril vacío mientras subía. De eso resulta mi tobillo roto.

Detenido sólo por un instante, continué el descenso y aterricé en la pila de ladrillos. Por ello mi espalda lesionada y mi clavícula rota.

Para ese entonces me desmayé, solté la soga, y el barril vacío me cayó encima. Eso da cuenta de las heridas en mi cabeza.

En cuanto a la última pregunta del formulario: «¿Qué haría

si ocurriera lo mismo?» Por favor, sepa que ya no haré el trabajo
solo.

Todo el mundo necesita que alguien vaya a su lado y lo ayude. Si
entiende eso, y está dispuesto a darles a otros y ayudarlos, así como a
mantener las motivaciones correctas, la vida de ellos y la suya podrán
cambiar.

4. *Toda la gente puede ser alguien cuando alguien la entiende y cree en ella*

Una vez que entienda a las personas y crea en ellas, realmente
pueden llegar a ser alguien. Ayudar a los demás a sentirse importantes no requiere mucho esfuerzo. Las cosas pequeñas, hechas premedi-
tadamente en el momento correcto, pueden marcar la gran diferencia,
como lo muestra este relato de John:

> Durante catorce años tuve el privilegio de pastorear una con-
> gregación muy grande, en el área de San Diego, en la que todos los
> años hacíamos un maravilloso programa navideño. Acostumbrába-
> mos hacer veintiocho presentaciones, y unas treinta mil personas
> lo veían cada año.
>
> El programa siempre incluyó un grupo de muchachos, y hace
> varios años una de mis partes favoritas era una canción en la que
> trescientos jóvenes vestidos como ángeles cantaban mientras soste-
> nían unas velas. Al final de la canción, salían del escenario, subían
> por los pasillos, y llegaban a la antesala al frente de la iglesia.
>
> Durante la primera presentación, decidí esperar por ellos en la
> antesala. Ellos no sabían que estaría allí, pero mientras pasaban los
> aplaudí, los elogié, y les dije: «Niños, ¡lo hicieron muy bien!» Se
> sorprendieron al verme, y el ánimo los alegró.
>
> Para la segunda presentación, hice lo mismo y pude observar
> que al comenzar a ascender por los pasillos, miraban con ansiedad
> a ver si estaba parado allí para animarlos. Ya para la tercera pre-
> sentación de la noche, al doblar la esquina subiendo por el pasillo,
> tenían sonrisas en los rostros. Cuando llegaron a la antesala, me

daban palmadas alegres. Sabían que creía en ellos, eso hizo que todos se sintieran importantes.

¿Cuándo fue la última vez que se esforzó en hacer que las personas se sintieran especiales, como si fueran importantes? La inversión que tiene que realizar es eclipsada por el impacto en ellas. Todo aquel que conoce y todas las personas que le presentan tienen el potencial de ser alguien importante en las vidas de otros. Lo único que necesitan es ánimo y motivación de parte suya para ayudarlos a alcanzar su potencial.

5. *Cualquiera que ayude a alguien influye en muchos más*

Lo último que tiene que entender respecto a la gente es que cuando uno ayuda a alguien, realmente impacta a muchos otros más. Lo que usted le da a alguien fluye en la vida de toda la gente que esa persona impacta. La naturaleza de la influencia es multiplicar. Hasta a usted lo impacta porque, cuando ayuda a otros y sus motivaciones son buenas, siempre recibe más de lo que nunca pueda dar. Muchos son tan genuinamente agradecidos cuando otra persona los hace sentir como si fueran alguien especial que jamás se cansan de mostrar su gratitud.

ELIJA ENTENDER A OTROS

A fin de cuentas, la habilidad de entender a la gente es una elección. Es cierto que algunas personas nacen con grandes instintos que los capacitan para entender cómo piensan y se sienten los demás. Pero aunque usted no sea alguien instintivo, puede mejorar su habilidad para trabajar con otros. Cada persona tiene la capacidad de poseer la habilidad de entender, motivar, y en definitiva influir en los individuos.

Si en verdad quiere cambiar la vida de los demás, propóngase conseguir...

La perspectiva de otra persona

Mark McCormack, autor de *What They Don't Teach You at Harvard Business School* [Lo que no le enseñan en la Escuela de Negocios de Harvard], escribió un relato divertido para la revista *Entrepreneur* [Empresario]. Allí ilustra el valor de reconocer la perspectiva de los demás. Dijo: «Hace unos años, estaba parado en la fila de los boletos en el aeropuerto. Frente a mí estaban dos niños peleando por un cono de helado, y frente a ellos había una mujer con un abrigo de visón. Podía ver un accidente en ciernes. ¿Debía interferir? Todavía cavilaba en eso cuando escuché a la niña decirle al niño: "Charlie, si no paras, le van a caer pelos del abrigo de esa dama a tu cono"».

Al relacionarse con los demás, la mayoría de la gente no ve más allá de su experiencia propia. Tiende a ver a las otras personas y sucesos en el contexto de su posición, trasfondo, o circunstancias. Por ejemplo, Pat McInally del equipo Cincinnati Bengals, de la Liga Nacional de Fútbol americano, dijo: «En Harvard decían que sólo era un deportista cabeza hueca. Los futbolistas profesionales me consideraban un intelectual». Aunque él no cambió, sí lo hicieron las percepciones que tenían de él.

Siempre que mire las cosas desde la perspectiva de otra persona, recibirá toda una nueva manera de ver la vida y encontrará nuevas maneras de ayudar a otros. Un relato del libro *Zadig*, de Voltaire, muestra el valor de ver a la gente y las situaciones de una nueva manera.

El gobernante de cierto país estaba molesto porque su caballo favorito estaba perdido. El rey envió mensajeros a través del país buscándolo, sin resultado alguno. Desesperado, ofreció una gran recompensa. Muchos fueron esperando ganarla y buscaron el caballo, pero todos fracasaron. El caballo desapareció.

Un simplón de la corte real pidió una audiencia con el monarca, y dijo poder encontrar al caballo.

—¡Tú! —exclamó el rey—. ¿Puedes encontrar el caballo cuando todos los demás fallaron?»

—Sí, señor —respondió el simplón.

—Entonces hazlo —le dijo el rey, que no perdía nada.

En pocas horas el caballo estaba de vuelta en el palacio, y el rey se sorprendió. De inmediato hizo que el tesorero le diera una cuantiosa recompensa al hombre, y le pidió que explicara cómo lo había encontrado cuando otros hombres considerados sabios no pudieron.

—Señor, fue fácil —dijo el simplón—. Simplemente me pregunté: «Si yo fuera caballo, ¿a dónde iría?» Y al ponerme en su lugar, lo encontré rápido.

Empatía personal

Otra cualidad que necesita si quiere entender y ayudar a otros es la empatía personal. No todo el mundo posee una empatía natural, como resulta obvio en este relato acerca de un predicador de Kansas. Parece que él regresaba a casa tras una visita a Nueva Inglaterra, y uno de sus parroquianos lo encontró en la estación del tren.

—Bueno —preguntó el predicador—, ¿cómo están las cosas en casa?

—Tristes, realmente tristes, pastor —respondió el hombre—. Vino un ciclón y arrasó con mi hogar.

—Bueno, eso no me sorprende —dijo el párroco antipático con el ceño fruncido—. Recuerda que te he advertido en cuanto a la manera en que vives. El castigo por el pecado es inevitable.

—También destruyó la suya, pastor —añadió el laico.

—¿En verdad? —dijo el pastor, sorprendido momentáneamente.— Bueno, los caminos del Señor sobrepasan el entendimiento humano.

No espere que su casa se destruya para sentir los problemas y las faltas de otros seres humanos. Alcáncelos con mano fuerte pero corazón blando, y responderán positivamente.

Una actitud positiva hacia las personas

El autor Harper Lee escribió: «La gente casi siempre ve lo que busca y oye lo que quiere escuchar». Si tiene una actitud positiva respecto a las personas, cree lo mejor de ellas, y actúa en base a sus creencias, entonces podrá impactar sus vidas. Pero todo comienza con la manera en que piensa de los demás. Usted no puede ser una persona que influya positivamente si piensa como sigue:

Cuando el compañero se demora mucho, es un lento.

Cuando yo me demoro mucho, es que soy minucioso.

Cuando el compañero no hace algo, es un vago.

Cuando yo no lo hago, estoy ocupado.

Cuando el compañero hace algo sin que se lo pidan, viola sus límites.

Cuando lo hago yo, eso es iniciativa.

Cuando el compañero desconoce una regla de etiqueta, es un rudo.

Cuando evado algunas reglas, soy original.

Cuando el compañero complace al jefe, es un adulador.

Cuando lo complazco yo, es cooperación.

Cuando el compañero avanza, es mera suerte.

Cuando me las arreglo para avanzar, es simplemente la recompensa justa por una ardua labor.

Su actitud hacia las personas es una de las elecciones más importantes que jamás tomará. Si su manera de pensar es positiva, realmente puede impactarlos. El pastor Robert Schuller, un fuerte proponente del pensamiento positivo, cuenta el siguiente relato en *Life Changers* [Cambiadores de vidas]:

«Soy el mejor jugador de béisbol en el mundo», alardeaba el niñito mientras trotaba alrededor de su patio. Con su bate sobre el hombro, lanzó una pelota hacia arriba, trató de pegarle, pero no pudo. «Soy el mejor jugador de todos los tiempos», reiteró. Recogió la pelota de nuevo, trató de golpearla, pero falló otra vez. Deteniéndose un momento para examinar su bate, se dobló y recogió su pelota. «¡Soy el pelotero más grande que jamás haya existido!» El impulso de su giro para golpear la pelota casi lo tumba; sin embargo la pelota cayó, ilesa, a sus pies. «¡Vaya!» exclamó. «¡Qué lanzador!»[5]

Si desea llegar a ser una persona influyente, adopte una actitud hacia los demás parecida a la que ese niñito tenía consigo mismo.

Si trata a cada persona que conoce como si fuera el sujeto más importante del mundo, le expresará que es alguien para usted.

A Jim le recordaron la importancia de entender a la gente y ver las cosas desde su perspectiva hace poco, al visitar a sus padres en Nueva York:

Mis padres casi tienen noventa años, y trabajaron muy duro durante toda su vida. Mi papá era el editor de la *Gazette* [La gaceta] de la ciudad de Niagara Falls, y mi madre era la enfermera supervisora nocturna en el Hospital Niagara Falls Memorial. Trabajó muchos años de 11 P.M. a 7 A.M., cuando yo era joven, de manera que pudiera llegar a casa a levantarme para ir a la escuela, hacer el desayuno, y empacar mi almuerzo. Estaba allí cuando llegaba a la casa por la tarde. Casi no me daba cuenta de que trabajaba. Mientras crecí siempre vivimos en una casita. Luego, al jubilarse, la vendieron y se mudaron a un pequeño apartamento para vivir de sus modestas pensiones.

Como la mayoría de las personas que son bendecidas financieramente, Nancy y yo siempre andamos buscando maneras de ayudar a nuestros padres para retribuirles de alguna pequeña manera las cosas positivas que hicieron por nosotros a través de los años. Hace poco, pensamos que podíamos ayudarlos alquilándoles una unidad en el piso superior del edificio de apartamentos más prestigioso de la ciudad. Era increíble, hasta tenía el paisaje de las cataratas del Niágara.

Después de unos seis meses, mis padres preguntaron si podían mudarse. La vista de mi madre ya estaba tan pobre que no podía observar las cascadas. Papá, por otro lado, podía verlas muy bien pero se sentía incómodo por estar tan alto. Nos decepcionamos porque no les gustó, pero accedimos de inmediato a mudarlos a su pequeño apartamento.

Mi deseo de ayudarlos aún era fuerte, así que un día después que los arreglamos en su lugar, llevé a mamá a la tienda. Aunque afirmaba no necesitar nada, me las arreglé para convencerla de que comprara unos cuantos artículos: un nuevo basurero, algunos platillos, un pequeño radio, y un tostador nuevo ya que el viejo *disparaba* las tostadas cuando terminaba. Me sentí bien cuando la escuché mostrándole el tostador a un vecino diciendo: «¡Mi *hijo* nos compró esto!»

Nancy y yo deseábamos comprarles cosas grandes, pero eso no era lo importante para ellos. Estaban contentos con un tostador. O, sí, hubo otro artículo que finalmente reconocieron útil: un pequeño árbol para el patio delantero del apartamento. Creyeron que sería bueno tener alguna sombra en el verano cuando se sentaran afuera. «Aunque son tan costosos» dijo mi madre. «Cómpranos un retoño».

Queríamos que tuvieran sombra *hoy*, no de aquí a quince años. Así que fuimos y compramos el árbol más grande que pudimos encontrar. No costó mucho contentarlos, simplemente un poco de comprensión.

No todo el mundo entiende esa lección. Muchas personas tratan de promover sus cosas, y se preguntan por qué no influyen en otros. Para impactarles, averigüe lo que las personas desean, y ayúdelas a obtenerlo. Eso es lo que las motiva y eso es lo que facilita que se convierta en una persona influyente en sus vidas.

Puntos para verificar la influencia
ENTIENDA A LAS PERSONAS

❏ **Evalúe su comprensión.** Use la siguiente escala para evaluar su habilidad de entender a las personas (marque la calificación que le corresponda):

Superior   Casi siempre puedo anticipar la manera en que los demás se sentirán y reaccionarán en cualquier situación. El entendimiento es una de mis habilidades más fuertes.

Buena   La mayoría del tiempo entiendo lo que los demás hacen y desean. Considero que mi habilidad de entender a las personas es un recurso.

Promedio   Las personas me sorprenden en la misma proporción en la que puedo anticipar su manera de pensar. Considero mi habilidad de entender a los demás como común y corriente.

Pobre   La mayoría del tiempo los sentimientos y los motivos de las personas me resultan un misterio. Definitivamente necesito mejorar en esta área.

❏ **Cómo entender el plan de acción.** Si se calificó superior, entonces debe comunicar su destreza enseñándoles a otros cómo entender mejor a las personas. Si se calificó bueno, promedio o pobre, siga esforzándose por aprender y mejorar. Puede mejorar su habilidad al instante haciéndose estas cuatro preguntas cada vez que conozca nuevas personas:

1. ¿De dónde vienen?
2. ¿A dónde quieren llegar?
3. ¿Qué necesitan ahora?
4. ¿Cómo puedo ayudar?

❏ **Active su actitud positiva.** Si su habilidad de entender a las personas no es tan buena como quisiera, la raíz podría ser que no valora a los demás como pudiera. Mientras se relaciona con las personas recuerde las palabras de Ken Keyes, hijo: «Una persona encantadora vive en un mundo encantador. Una persona hostil vive en un mundo hostil: Todo aquel que conoce es su espejo».

CAPÍTULO 6

Una persona influyente . . .

ELIGE DESARROLLAR
A LAS PERSONAS

MULTIPLICACIÓN

MENTOR—*Elige desarrollar*

MOTIVACIÓN

MODELO

Una vez que sea modelo de integridad con otros y los haya motivado con éxito, estará listo para dar el próximo paso en el proceso de convertirse en una persona influyente en la vida de ellos. Jim tiene una historia que le dará una idea de lo que será el paso siguiente:

A través de los años, Eric ha tenido más de treinta operaciones cerebrales, pero eso jamás impidió que sea alerta mentalmente y esté lleno de optimismo. Además, su gran sentido del humor nos mantiene entretenidos a todos.

Durante una de sus muchas operaciones, Eric tuvo un ataque. El desequilibrio muscular limitó el uso de su mano derecha y le causó una desviación severa de la espina dorsal. Después de un par de años, eso requirió otra operación en la que los médicos le fundieron la espina dorsal y le implantaron varillas metálicas desde la base de su cuello a la pelvis. Pasó tres meses forrado por un yeso durante su prolongada recuperación, y debido a eso, muchas de sus antiguas habilidades se redujeron dramáticamente. No obstante, él soportaba todo con un espíritu muy positivo.

Después de la cirugía dorsal de Eric, Nancy no pudo lidiar sola con las cosas de él, así que decidió emplear a una persona a tiempo completo para levantarlo, ayudarlo con su vida diaria, y asistirlo con su continua rehabilitación. Sabíamos qué clase de persona queríamos emplear, pero no sabíamos dónde o cómo localizarla.

Un día, mientras Nancy hablaba con uno de nuestros contactos musicales, escuchó de alguien llamado Fernando. Parecía fantástico. «Es la persona perfecta» dijo nuestro amigo, «pero jamás lo conseguirás».

La respuesta de Nancy fue: «Sólo danos su número, y déjanos ver si lo conseguimos o no».

Unas semanas después lo empleamos, y ha sido maravilloso. Fernando fue entrenador de destrezas vitales para el Hospital Sharp, y aunque solamente era cinco años mayor que Eric, ya había administrado un centro para niños maltratados y trabajado en el campo de la rehabilitación durante siete años. Él y Eric se hicieron amigos de inmediato. Fernando brindó una combinación perfecta de destrezas profesionales así como compañerismo.

Es difícil describir qué maravilloso regalo proveyó Dios a Eric y a nuestra familia en la persona de Fernando. Él percibe que su misión es mejorar a Eric, mantenerlo creciendo hasta alcanzar su potencial. Además, aprende constantemente nueva información y técnicas en su campo, y busca las maneras de exponer a Eric a nuevas experiencias y a desafiarlo para que crezca. Por eso, la vida de Eric ya no es la misma. Desde que hacen las cosas juntos, Eric ha hecho mucho más que esquiar todos los años. Aprendió a esquiar halado por una moto acuática, nunca pude imaginármelo a sesenta y cuatro kilómetros por hora sobre el agua, pero Fernando creyó que Eric podía hacerlo, y lo hizo. Además, Eric sirve como tutor voluntario para estudiantes de segundo grado, estudia alemán, trabaja en nuestra oficina dos días a la semana, nada un par de días de la semana, y ha comenzado a practicar con las pesas. Es difícil recordar que Eric está severamente limitado en lo físico, porque su vida es plena, desafiante, y se amplía cada día.

Una de sus grandes experiencias, desde que está con Fernando, es su participación en el balompié en silla de ruedas. Es un nuevo deporte que juega la gente que usa sillas de ruedas electrónicas. Se reúnen en gimnasios en los que compiten en equipos y anotan puntos usando una pelota enorme. A Eric le encanta y casi siempre prefiere jugar como portero.

No hace mucho, Fernando lo llevó a Vancouver, Canadá, a competir en un torneo. Fue una experiencia tremenda para Eric. Volaron juntos, alquilaron un auto, consiguieron el cuarto de hotel, y visitaron la ciudad, ellos solos. A Eric le encantó, sobre todo, competir en el torneo de cinco días en el que anotó dos goles. Y lo mejor de todo, ¡su equipo ganó la medalla de oro!

Jamás vimos a Eric tan emocionado como a su regreso del torneo. Se puso la medalla de oro en el avión, y no creo que haya pisado tierra por varios días. Desde ese entonces, su confianza es tan fuerte que está dispuesto a enfrentar casi cualquier tipo de reto. Por eso, Fernando merece gran parte del crédito. Sin su confianza en Eric y su deseo de expandir su mundo, nada de eso habría pasado.

Para convertirse en una persona influyente e impactar a la gente de modo positivo, tiene que ponerse a su favor e involucrarse realmente en la vida de ellas. Eso fue lo que hizo Fernando, y continúa haciéndolo, con Eric, el hijo de Jim. Eso es lo que tiene que hacer con la gente a la que quiere impactar. Modelar una vida íntegra es un paso inicial importante para llegar a ser una persona influyente, ya que crea un fundamento fuerte con los demás. El siguiente paso natural es motivarlos. Mientras cuide a las personas, confíe en ellas, escuche sus esperanzas y temores, y demuestre que las entiende, entablará una fuerte conexión en la relación y las motivará para que tengan éxito, y para influir en ellas. Pero si quiere que la gente *realmente* crezca, mejore, y sea exitosa, debe avanzar al siguiente paso. Tiene que convertirse en un mentor.

¿QUÉ SIGNIFICA SER MENTOR?

Darle *motivación* a la gente para que crezca, sin proveer también los *medios* para hacerlo, es una tragedia. Ser mentor les ofrece a las personas la oportunidad de convertir su potencial en realidad, y sus sueños en su destino. Los mentores impactan la eternidad porque no se sabe dónde terminará su influencia.

William Gladstone, estadista británico del siglo diecinueve, declaró: «Sabio es el hombre que no desperdicia energía persiguiendo cosas para las que no está calificado; y más sabio aun el que, entre las cosas que puede hacer bien, elige de manera resoluta la mejor». La mayoría de la gente no tiene la tendencia natural de detectar sus principales áreas potenciales. Requieren ayuda para hacerlo, en particular a medida que comienzan a crecer y se esfuerzan por alcanzar su potencial. Por eso es tan importante que usted se convierta en mentor de aquellos a quienes desea ayudar. Tiene que dirigirlos en sus áreas de crecimiento personal y profesional hasta que puedan trabajarlas de manera más independiente.

James M. Kouzes y Barry Z. Posner, autores de *El desafío del liderazgo*, brindan conocimientos en cuanto a liderazgo relacionados con el tema de la asesoría: «Los líderes son pioneros. Son gente que se aventura en territorio virgen. Nos guían a destinos nuevos y muchas veces desconocidos... La única razón de tener líderes, en sus diferentes funciones, es para impulsarnos. Los líderes nos animan a avanzar a alguna parte».

Los mentores impactan la eternidad porque no se sabe dónde terminará su influencia.

Los mentores que lideran mueven a la gente que desarrollan hacia el crecimiento y las áreas fuertes. En este y en los próximos tres capítulos, nos concentraremos en cuatro maneras de realizar la tarea de ser mentor de otros: desarrollando a las personas, ayudándolas al guiarlas a través de los problemas de la vida, conectándose con ellas a un nivel más profundo, y apoyándolas y facultándolas para desarrollar su potencial.

DESARROLLAR A OTROS ES UNA INVERSIÓN

El escritor Alan Loy McGinnis observó: «No hay ocupación más noble en el mundo que asistir a otro ser humano, ayudar a que alguien tenga éxito». Ayudar a que otros se desarrollen es una de las cosas más increíbles que jamás pueda hacer por ellos. Como dice John en su libro *El mapa para alcanzar el éxito*, crecer para desarrollar su potencial es uno de los tres componentes para tener éxito (junto con conocer su propósito y sembrar semillas que beneficien a otros).

Robert Gross, antiguo presidente de la empresa aérea Lockheed, le explicó en una ocasión a sus supervisores: «Una cosa es construir un producto; otra es construir una compañía, porque las compañías no son otra cosa sino hombres, y las cosas que salen de ellos no son mejores que la gente misma. No construimos automóviles, aeroplanos, refrigeradoras, radios, o cordones de zapato. Construimos hombres. *Los hombres hacen el producto*».

Cuando uno desarrolla a los demás, hace varias cosas:

Eleva su nivel de vida

Denis Waitley dijo: «Los mayores logros son los que benefician a otros». Siempre que ayude a la gente a desarrollarse en cualquier aspecto vital, la beneficia porque facilita que ascienda a un nuevo nivel de vida. A medida que las personas desarrollan sus dones y talentos, aprenden nuevas destrezas, y amplían sus habilidades para solucionar problemas; su calidad de vida y nivel de contentamiento mejoran en forma dramática.

Nadie puede crecer y quedarse impasible ante la manera que lleva la vida.

Cuando uno desarrolla a los demás,
aprovecha la oportunidad para ayudarlos
a alcanzar su potencial.

Aumenta su potencial para el éxito

El empresario George Crane afirmó que «no hay futuro en ningún trabajo. El futuro yace en el hombre que tiene el trabajo». Cuando uno desarrolla a otras personas, ilumina su futuro. Cuando expanden sus horizontes, mejoran sus actitudes, aumentan sus destrezas, o aprenden nuevas manera de pensar, su ejecución es destacada y viven mejor. Eso aumenta su potencial.

Incrementa su capacidad para crecer

Cuando usted ayuda a las personas a desarrollarse, no sólo les da una vacuna temporal, o instrumentos que únicamente les ayudarán hoy. Desarrollarles tiene beneficios a largo plazo. Les ayuda a capacitarse mejor, y aumenta su capacidad de aprender y crecer. Después de desarrollarles, siempre que reciban un recurso u oportunidad, estarán mejor preparadas para usarlo de la manera más beneficiosa. Y su crecimiento empieza a multiplicarse.

Aumenta el potencial de su organización

Si los individuos con los que trabaja son parte de un grupo, sea un negocio, iglesia, equipo deportivo, o club, todo el grupo se beneficia de su crecimiento. Por ejemplo, si muchos en su organización mejoran aunque sea un poco, la calidad de toda su organización aumentará. Si unos pocos mejoran mucho, el potencial para el crecimiento y el éxito aumenta debido al incremento del liderazgo de esa gente. Y si ambos tipos de crecimiento ocurren como resultado de su desarrollo, ¡agárrese! porque su organización está a punto de despegar.

Fred Smith, amigo de John, es un excelente líder, empresario, y asesor de negocios. Fred estuvo aconsejando a un grupo de veinte jóvenes directores de juntas administrativas, y reuniéndose con ellos mensualmente por espacio de tres años cuando decidió que necesitaban pasar un tiempo solos. Así que les dijo que no volvería a verlos por un tiempo. Continuaron reuniéndose sin él, pero a la larga, le pidieron que regresara a visitarlos. Cuando lo hizo le presentaron una pieza de cristal Baccarat. En ella grabaron las palabras: *Él nos estiró.*

Fred lleva décadas estirando y desarrollando a otros porque está consciente del increíble valor añadido no sólo a las personas que beneficia, sino también a todas las que aquellas influyen. La mayoría de las personas son raras; quieren progresar y tener éxito, pero están renuentes al cambio. Muchas veces se disponen a crecer solamente lo suficiente como para acomodar sus *problemas*; en vez de eso, necesitan crecer tanto como para alcanzar su *potencial*. Por eso es que requieren de su ayuda. Los autores William Thetford y Helen Schucman señalaron con acierto: «Cada situación, percibida apropiadamente, se convierte en una oportunidad». Cuando uno desarrolla a los demás, aprovecha la oportunidad de ayudarlos a realizar su potencial.

El ensayista francés Michel Eyquem de Montaigne escribió: «El valor de la vida no yace en la extensión de los días, sino en cómo los usamos; un hombre podría vivir mucho tiempo y vivir poco». Cuando uno desarrolla a otros, los ayuda a aprovechar el tiempo que tienen y eleva su calidad de vida.

CONVIÉRTASE EN ALGUIEN QUE DESARROLLA

Para muchos, el simple hecho de desear ayudar a florecer a los demás no significa necesariamente que estén listos para la tarea. Usualmente necesitan trabajar antes en ellos mismos. Como en la mayoría de los casos, si desea hacer más por los demás, usted tiene que mejorar primero. Eso nunca es más válido que en el área de ser un mentor. Usted puede enseñar lo que sabe, pero sólo puede reproducir lo que es.

Los expertos en liderazgo Warren Bennis y Bert Nanus dijeron al respecto: «Lo que distingue a los líderes de sus seguidores es la capacidad para desarrollar y mejorar sus destrezas». En sus preparativos para asumir la tarea de ayudar a otros a desarrollarse, lo primero que tiene que hacer es mejorarse y desarrollarse usted mismo porque solamente cuando está creciendo y floreciendo puede ayudar a otros a hacerlo también. Así como no van a seguir a una persona cuyas destrezas de liderazgo son más débiles que las suyas, no aprenderán a crecer de alguien que no crece. No sólo debe estar a un nivel mayor en su crecimiento personal, sino que debe continuar creciendo. (Tal vez recuerde cuán poco respetó a uno de sus maestros de bachillerato o en la universidad que obviamente dejó de aprender y crecer décadas atrás, ¡quizás el día en que recibió su título!)

Albert Schweitzer mantuvo que «el gran secreto del éxito es pasar la vida como un hombre que jamás se gasta». Cuando usted hace suya la meta de aprender y desarrollarse continuamente, se convierte en la clase de persona que jamás se «gasta». Siempre recarga sus baterías y encuentra mejores maneras de hacer las cosas. Para determinar si continúa creciendo o no, pregúntese qué es lo que todavía anticipa. Si no se le ocurre nada u observa el pasado en lugar de ver al futuro, su crecimiento podría estar estancado.

Se afirma que: «El principal obstáculo para el descubrimiento no es la ignorancia. Es la ilusión del conocimiento». Mucha gente pierde de vista la importancia del crecimiento personal una vez que terminan su educación formal, pero no permita que eso le suceda a usted. No hay tiempo que perder. Como dijera el escritor y pensador escocés Thomas Carlyle: «Una vida; un pequeño destello de tiempo entre dos eternidades; jamás tendremos otra oportunidad». Todo día que pasa sin crecimiento personal es una oportunidad perdida para mejorarse y para hacer florecer a los demás.

Elija con cuidado a las personas que desarrollará

Una vez que crezca un poco y esté listo para ayudar a otros a desarrollarse, necesita comenzar a pensar en las personas con las que trabajará. Tiene que ser selectivo. Debe tratar de ser un modelo de integridad para todos, ya sea que le resulten conocidos o totalmente desconocidos. Y debe hacer que su meta sea motivar a todas las personas con las que está relacionado: familiares, empleados, compañeros voluntarios de la iglesia, colegas, y amistades. Sin embargo, no puede invertir tiempo para desarrollarlos a todos; es un proceso muy complicado. Por eso debe trabajar primero con las personas más prometedoras a su alrededor, las que tienen mejores probabilidades de receptividad al crecimiento.

En *Killers of the Dream* [Asesinos del sueño], Lillian Smith escribió: «Nosotros, en Estados Unidos, y los hombres alrededor de la tierra, nos atrapamos con la palabra igualdad, que es inaplicable al *género* humano. Me encantaría que la olvidáramos. Detener su uso en nuestro país: Que los comunistas se queden con ella. No se ajusta a seres humanos que lanzan sus sueños a través de los cielos. Sólo se ajusta a un desmerecimiento de la humanidad». Ciertamente deseamos que todos tengan el mismo acceso a las oportunidades y la justicia, pero sabemos que no todos responden de la misma manera a su medio ambiente o a las ventajas. Eso es válido para las personas que tendrá la oportunidad de desarrollar. Algunas anhelan que las estiren. A otras no les interesa el crecimiento personal o no crecen bajo su atención. Su trabajo es averiguar cuál es cual.

Mientras piensa en las personas que desea desarrollar, recuerde las siguientes directrices:

- **Seleccione personas cuya filosofía de vida se parezca a la suya.** Los valores subyacentes y las prioridades de los que desea ayudar a florecer necesitan parecerse a las suyas. Si usted y ellos no tienen lo básico en común, podría terminar trabajando con objetivos cruzados, y no experimentará la efectividad que desea. Roy Disney, hermano y socio de Walt, dijo: «No es difícil tomar decisiones cuando conoce sus valores». Si usted y las personas que guía tienen valores parecidos, podrá tomar decisiones armoniosas mientras trabajan juntos.

- **Elija gente con potencial en el cual usted cree de manera genuina.** No puede ayudar a aquellos en quienes no cree. Ofrezca su mejor esfuerzo guiando a la gente que tienen el mayor potencial, a la que puede verle un futuro prometedor, no por la cual sienta compasión. Cuide, ame, y motive a las personas adoloridas, pero derrámese en las que crecerán e impactarán.

- **Seleccione personas cuyas vidas pueda impactar de manera positiva.** No todos los que puede desarrollar se beneficiarán de lo que les ofrezca. Busque compatibilidad entre el potencial de ellos y las fortalezas y experiencia suyas.

- **Coloque a las mujeres y los hombres según sus montañas.** Nos gustaría que todas las personas que guiamos alcancen todo su potencial y lleguen a ser estrellas. A la larga, los mejores mentores desarrollan gente a un nivel superior a su habilidad. La verdad es que aunque todos pueden avanzar a un nivel superior del que ocupan actualmente, no todos pueden escalar los niveles más altos. Alguien que desarrolla con éxito a los demás evalúa su potencial y los coloca en posición para conseguir el éxito.

- **Comience cuando llegue el momento correcto.** Inicie el proceso cuando sea el momento correcto en la vida de los demás. Quizás escuchó la expresión: «Déle cuando el hierro esté caliente». Eso significa actuar en cierta situación en el momento indicado. Sabemos que el dicho data del siglo catorce. Proviene de la práctica de los herreros que tenían que golpear el metal cuando estaba en la temperatura indicada para moldearlo en la forma precisa y deseada. Hay que hacer lo mismo con las personas que quiere desarrollar. Comience pronto, aunque no perciban la necesidad de crecer. Comience tarde, y perderá su mejor oportunidad para ayudarlos.

Una vez que encuentre las personas correctas, recuerde que necesita su autorización antes de empezar a desarrollarlas. A la gente le gusta que les animen y les motiven, así que no necesita su aprobación para hacer cualquiera de las dos cosas. Pero ser mentor realmente da resultados solamente cuando ambos bandos conocen los planes, concuerdan con ellos, y se esfuerzan cien por ciento.

HAGA DEL PROCESO DE DESARROLLO UNA PRIORIDAD

Desarrollar a otros puede ser gratificante y divertido, pero también requiere tiempo, dinero, y trabajo. Por eso tiene que comprometerse con el proceso y convertirlo en una prioridad. Ed Cole, amigo de

John, afirma: «El precio de crecer es el compromiso». Una vez que se comprometa estará listo para continuar. Las siguientes sugerencias le ayudarán a aprovechar mejor el proceso del desarrollo:

Perciba su potencial

El compositor Gian Carlo Menotti declaró con firmeza: «El infierno comienza el día en que Dios nos concede una visión clara de todo lo que pudimos haber realizado, de todos los dones que desperdiciamos, de todo lo que pudimos hacer y no hicimos».[1] El potencial no alcanzado es un desperdicio trágico. Como alguien que desarrolla a los demás, usted tiene el privilegio de ayudarles a descubrir y luego acrecentar su potencial. No puede hacer eso hasta que usted *perciba* su potencial.

Geoffrey Gaberino, nadador olímpico ganador de la medalla de oro, lo resume de esta manera: «La verdadera competencia siempre es entre lo que hizo y lo que puede hacer». Cuando observe a las personas que desea desarrollar, trate de discernir qué son capaces de hacer. Busque un destello de grandeza. Vigile y escuche con su corazón así como con sus ojos. Encuentre el entusiasmo de ellos. Trate de imaginar lo que harían si superaran los obstáculos personales, lograran confianza, crecieran en las áreas prometedoras, y dieran todo lo que tienen. Eso lo ayudará a ver el potencial de ellos.

Proyecte una visión para su futuro

Robert Orben, antiguo escritor de discursos presidenciales, insto: «Recuerde siempre que solamente hay dos clases de gente en este mundo: los realistas y los soñadores. Los realistas saben a donde van. Los soñadores ya estuvieron allí». Para añadir valor a las personas que desarrolla, adelánteseles en su imaginación y vea su futuro antes que ellos. Captar esa visión de su porvenir y proyectárselas le ayuda a motivarlos y desarrollarlos.

Alguien dijo en una ocasión: «No permita que lo obliguen a pensar que sus sueños o sus talentos no son prudentes. Jamás se supuso que lo fueran. Lo que se supone es que traigan gozo y realización a su vida». Ese es un gran consejo. Las personas jamás tendrán éxito con sus sueños descabellados a menos que algunos lo sean bastante. Cuando usted proyecta la visión a los demás, los ayuda a ver su potencial y sus posibilidades. Cuando a dicha visión le añade su fe en ellos, los enciende para la acción. El gran estadista británico Benjamín Disraeli declaró: «Nutra sus grandes pensamientos porque jamás ascenderá más que ellos». Ayude a las personas a tener grandes pensamientos respecto a sí mismas, y comenzarán a vivir como lo que pueden llegar a ser.

Conéctese con su pasión

Como alguien que desarrolla a las personas, ayúdelas para que deseen crecer; una manera de hacerlo es conectándose con su pasión. Todos, hasta el más callado y reservado, sienten una pasión por algo. Simplemente tiene que encontrarla. Como señaló el científico Willis R. Whitney: «Algunos hombres tienen miles de razones para no hacer lo que desean, cuando lo único que necesitan es una para hacerlo».

A medida que busque las pasiones de otros, hurgue más allá de la superficie de sus necesidades diarias. Profundice dentro de ellas. Harold Kushner escribió con perspicacia: «Nuestras almas no están hambrientas de fama, comodidad, riqueza o poder. Esas recompensas crean casi tantos problemas como los que solucionan. Nuestras almas están hambrientas de significado, de la sensación que hemos comprendido cómo vivir para que nuestra vida tenga significado, para que el mundo sea al menos un poco diferente por el hecho de que pasamos por él».

Una vez que descubra su pasión, conéctese a ella. Muéstreles cómo activar su potencial al punto de que puedan cumplir la visión que tienen para sus vidas. La pasión puede ayudarlos a convertir sus sueños en realidad, y como dijera el presidente Woodrow Wilson: «Crecemos con los sueños. Todos los grandes [individuos] son soñadores. Ven las cosas en la suave neblina de un amanecer primaveral, o en el enrojecido fuego de una larga noche invernal. Algunos dejamos que se mueran esos grandes sueños, pero otros los nutren y los cuidan;

los nutren a través de los días malos hasta llevarlos a la luz solar y esta siempre les llega a los que sinceramente esperan que sus sueños se hagan realidad». La pasión es el combustible que ayuda a las personas a nutrir y cuidar sus sueños.

Ocúpese de los defectos del carácter

A medida que explora cómo ayudar a los demás a desarrollarse, tiene que ocuparse de cualquier asunto de carácter que puedan tener. Como mencionamos en el primer capítulo, la integridad es el fundamento sobre el cual debe apoyarse todo en la vida de la gente. No importa cuánto lo desarrolle, si el fundamento no es sólido, habrá problemas.

Cuando examine el carácter de otros, recuerde ir más allá de su reputación. Abraham Lincoln hizo esta distinción: «El carácter es como un árbol y la reputación su sombra. La sombra es lo que pensamos de ella; el árbol es lo verdadero». Invierta tiempo para llegar a conocer realmente a las personas que desarrolla. Obsérveles en varias situaciones. Si llega a conocerlas lo suficientemente bien como para saber la manera en que reaccionan en la mayoría de las situaciones, tendrá una idea de dónde podrían estar los defectos de carácter.

Martin Luther King, afirmó: «La medida definitiva de un hombre no es su posición en los momentos cómodos y convenientes, sino su posición en tiempos de reto y controversia». Su meta debe ser ayudar a la gente que desarrolla a permanecer fuerte en medio de los retos, pero tiene que empezar con las cosas pequeñas. El autor y líder empresarial Joseph Sugarman observó: «Cada vez que sea sincero y se comporte con honestidad, una fuerza triunfadora lo impulsará a mayores éxitos. Cada vez que mienta, aunque sea una mentirita blanca, hay fuerzas demoledoras empujándolo al fracaso». Ayude a otros a comportarse con integridad en cada situación, y estarán listos para crecer y alcanzar su potencial.

Enfóquese en sus fortalezas

Cuando algunos individuos comienzan a trabajar con otros en su desarrollo, muchas veces giran alrededor de sus debilidades más que en sus fortalezas. Quizás sea porque es muy fácil ver los problemas de los demás y los defectos. Si comienza a concentrar sus energías en la corrección de las debilidades de las personas, las desmoralizará y, sin advertirlo, saboteará el proceso de desarrollo.

Hace poco escuchamos un relato sobre béisbol que trata el tema de las debilidades personales. Una tarde en San Luis, a Stan Musial le iba muy bien en un juego contra Bobo Newsom, el lanzador de Chicago. Stan inicialmente conectó un sencillo, luego un triple, y después un cuadrangular. Cuando fue a batear por cuarta vez, el entrenador de Chicago, Charlie Grimm, decidió sacar a Bobo y arriesgarse con un relevista novato. Cuando el joven novato se dirigió al montículo, desde el área de calentamiento, y Newsom le entregó la pelota, le preguntó:

—Oye ¿este tipo, Musial, tiene algunas debilidades?

—Sí —respondió Newsom—, no batea dobles.

En lugar de concentrarse en las debilidades, préstele atención a las fortalezas de las personas. Agudice las destrezas que ya existen. Elogie las cualidades positivas. Sáqueles los dones inherentes. Las debilidades pueden esperar, a menos que sean defectos de carácter.

Sólo después de desarrollar una afinidad fuerte con ellos y que empiecen a adquirir confianza debe ocuparse de las áreas débiles. Luego trátelas gentilmente, una por una.

Desarróllelos paso a paso

Ronald Osborn señaló: «A menos que trate de hacer algo superior a lo que domina, jamás crecerá». Para desarrollar a los demás, ayúdelos a crecer de manera congruente sin abrumarlos ni desanimarlos.

Ese proceso es diferente para cada persona. Pero no importa de dónde sean o a dónde van, necesitan crecer en ciertas áreas. Sugerimos que incluya las cuatro que siguen en el proceso de desarrollo:

1. Actitud. La actitud determina, más que nada, si las personas tienen éxito y si pueden disfrutar de la vida. E impacta no sólo cada área de sus vidas, sino que influye en otros.

2. Relaciones. El mundo se compone de personas, así que todos tienen que aprender a relacionarse efectivamente con otros. Esta habilidad así como comunicarse con ellos puede afectar al matrimonio, la crianza de los hijos, la profesión, las amistades y más. Si las personas pueden relacionarse, avanzarán en casi cada área de la vida.

3. Liderazgo. Todo surge o se desploma por el liderazgo. Si las personas que desarrolla planifican trabajar con otros, tienen que aprender a dirigirlos. De no ser así, van a llevar toda la carga por sí mismos en todo lo que hagan.

4. Las destrezas personales y profesionales. Podría sorprenderle ver que presentamos esto al final. Pero lo cierto es que si el pensamiento no es positivo y escasean las habilidades para trabajar con los demás, todas las destrezas profesionales en el mundo son poco beneficiosas. Mientras ayuda a los individuos a crecer, trabaje de adentro hacia afuera. Lo realmente importante no es lo que les sucede *a* las personas, sino lo que ocurre *en* su interior.

Ponga recursos en sus manos

Para ayudar a la gente a crecer, no importa de qué aspecto se ocupe, ponga recursos en sus manos. Siempre que uno de nosotros se encuentre con alguien a quien desarrolla, tratemos de llevar algo para dárselo: libros, casetes, artículos de revistas, cualquier cosa inspiradora o instructiva que podamos obtener. Nada nos complace más que saber que ayudamos a alguien a avanzar otro paso en el crecimiento. Esa es una de las razones por las que ambos estamos constantemente creando recursos para el crecimiento de las personas. Si no puede encontrar exactamente lo que busca para ayudar a los demás, es posible que quiera darles de su experiencia.

La próxima vez que se prepare a encontrarse con los que quiere desarrollar, tome una actitud activa en el proceso. Recorte artículos escritos en una de las áreas de interés. Déles copias de un libro que haya cambiado su vida. O ponga en sus manos casetes que les enseñen y les inspiren. Si continúa haciendo eso, no sólo les gustará el tiempo que pasen con usted, sino que cada vez que se reúnan verá que crecen un poco más hacia su potencial.

Expóngalos a experiencias que los desarrollen

Implementar un plan para el crecimiento desarrolla a las personas, pero algunas veces necesitan algo más para darles un empujón fresco de energía e inspiración. Helen Keller, autora y campeona de los ciegos, dijo: «Uno jamás debe arrastrarse cuando siente el impulso de volar». Cuando uno expone a las personas a experiencias que las ayudan a florecer, planta en ellas el deseo de alzar el vuelo.

Las conferencias y los seminarios, reuniones con mujeres y hombres excepcionales, y los eventos especiales nos impactan mucho. Siempre nos sacan de nuestra comodidad, nos llevan a pensar más que en nosotros mismos, o nos retan a avanzar a nuevos niveles de vida.

Pero recuerde que los acontecimientos y las reuniones no hacen que la gente crezca. Eso *inspira* a la gente a tomar decisiones importantes que pueden cambiar la dirección de sus vidas. El crecimiento mismo viene de lo que ellas hacen a diario luego de tomar una decisión.

Enséñeles a desarrollarse a sí mismos

Según Philip B. Crosby: «Hay una teoría de la conducta humana que dice que las personas retardan subconscientemente su propio crecimiento intelectual. Llegan a depender de clichés y hábitos. Una vez que alcanzan la edad de su adaptación al mundo, dejan de aprender y su mente queda en neutro por el resto de sus días. Podrán progresar en la organización, ser ambiciosos y dispuestos, y hasta trabajar de día y de noche. Pero ya no aprenden».

Una vez que logre que la gente valore el crecimiento tanto como para comenzar a desarrollarse por sí misma, supera una barrera fuerte. Se dice que la meta de todos los maestros debe ser capacitar a los estudiantes para que les vaya bien sin ellos. Lo mismo puede decirse de los que buscan desarrollar a otros. Mientras labora con otros y los ayuda a florecer, déles lo que necesitan para que aprendan a cuidarse. Enséñeles a encontrar recursos. Anímelos a salir de su zona de comodidad por sí mismos. Y refiéralos a otras personas que puedan ayudarles a aprender y crecer. Si puede ayudarlos a convertirse en miembros vitalicios, les habrá dado un regalo increíble.

Alguien que desarrolla con éxito evalúa el potencial de los demás y los ubica donde puedan tener éxito.

Escuchamos que se dice que: «Nadie se enriquece a menos que enriquezca a otros». Cuando usted enriquece a los demás ayudándolos a crecer y a desarrollarse por su cuenta, no sólo les da gozo a ellos y a sí mismo, sino que también aumenta su influencia y su habilidad para tocar la vida de otros.

Al comienzo de este capítulo hablamos en cuanto a la manera en que Fernando enriqueció la vida de Eric, el hijo de Jim y Nancy. Sin embargo hay algo más tras el relato:

Eric realmente ha cambiado desde que jugó en ese torneo de balompié. Ahora es más confiado, y persigue sus metas con mayor entusiasmo. Por ejemplo, Eric decidió que quiere tratar de jugar tenis, así que Fernando comenzó a trabajar para prepararlo. Como mencioné antes, Eric empezó a levantar pesas. Pero también ha dado otro paso para avanzar en tenis, un paso que inicialmente nos asustó a Nancy y a mí.

Desde su embolia, la mano derecha de Eric está muy limitada, así que solamente usa bien su mano izquierda. Para jugar tenis, tendría que usar esta mano buena para aguantar la raqueta. ¿Cuál fue la solución de Fernando? Esperó a que Nancy y yo estuviéramos fuera de la ciudad y cambió los controles de la silla de ruedas al lado de su mano mala.

No creíamos que fuera posible, pero lo fue. Ahora maneja con la mano derecha, y tan pronto como esté listo, va a jugar tenis.

Además, hace otras cosas que simplemente nos sorprenden. Por ejemplo, trabaja en la oficina, y no requiere ayuda para acostarse de noche. Eso es nada comparado con algunas de sus metas: quiere manejar un auto algún día.

La consejería y el entrenamiento de Eric por parte de Fernando han sido algo fantástico. Siempre quisimos lo mejor para Eric, pero descubrimos que lo estábamos sobreprotegiendo. Todo el proceso amplió y ensanchó nuestros horizontes. Y por supuesto, es increíble ver a Eric crecer y cambiar como lo ha hecho. Sin embargo él, Nancy, y yo no estamos solos en ello. Hasta el que desarrolla es extendido. Fernando está cambiando y creciendo también. Siempre ha sido un profesional consumado, pero ahora vemos un lado más tierno y amoroso que antes estuvo oculto. Hace poco le dijo a Nancy:

«Estoy aprendiendo que tengo que dar para tener gozo en mi vida».

Lo que afirmó Ralph Waldo Emerson, filósofo y poeta estadounidense del siglo diecinueve, es cierto: «Una de las recompensas más hermosas de esta vida es que ningún hombre puede tratar de ayudar sinceramente a otro sin ayudarse a sí mismo». Si puede entregarse a desarrollar a los demás y asistirlos para que alcancen su potencial, las recompensas que coseche serán casi tan grandes como las de aquellos a quienes ayuda.

<u>Puntos para verificar la influencia</u>
DESARROLLE A LAS PERSONAS

❑ **¿A quién va a desarrollar?** Escriba los nombres de los tres candidatos principales. Recuerde escoger gente cuya filosofía de vida se parezca a la suya, que tiene potencial en el cual usted crea, cuya vida pueda impactar de manera positiva, y que esté lista para el proceso.

1. _____
2. _____
3. _____

❑ **Planes para desarrollarles.** Use el siguiente esquema para efectuar su estrategia de desarrollo de las tres personas que seleccionó:

	Persona 1	Persona 2	Persona 3
Nombre	_____	_____	_____
Potencial	_____	_____	_____
Pasión	_____	_____	_____
Aspectos de carácter	_____	_____	_____
Mayor fortaleza	_____	_____	_____
Paso siguiente en el desarrollo	_____	_____	_____
Recurso para la necesidad actual	_____	_____	_____
Próxima experiencia de desarrollo	_____	_____	_____

CAPÍTULO 7

Una persona influyente . . .

NATURALMENTE GUÍA A OTRAS PERSONAS

MULTIPLICACIÓN

MENTOR — *Naturalmente guía*

MOTIVACIÓN

MODELO

Ayudar a las personas a florecer y desarrollar su potencial facilita que avancen a todo un nuevo nivel de vida. No importa cuánto crezcan y aprendan, aún han de enfrentar obstáculos. Cometerán errores. Enfrentarán problemas en lo personal y lo profesional, circunstancias que no podrán sobrepasar sin alguna ayuda.

John relata un momento cuando decidió ayudar a todo un grupo de pasajeros aéreos a pasar juntos un día difícil:

Viajo mucho debido a las conferencias que ofrezco a través del país, y a veces eso lleva a situaciones extraordinarias. Recuerdo una noche en particular cuando estaba en el aeropuerto en Charlotte, Carolina del Norte, preparándome para volar a Indianápolis, Indiana. Estuve en el teléfono hasta el último minuto, salí disparado a la puerta de salida y me encontré con Dick Peterson, presidente de INJOY, esperando meternos corriendo al avión justo antes de que cerraran las puertas. Pero para mi sorpresa, en el área de espera había unas cincuenta o sesenta personas lamentándose.

Miré a Dick y le pregunté:

—¿Qué pasa?

—Bueno —dijo Dick—, parece que no saldremos por un buen tiempo.

—¿Cuál es el problema? —acoté.

—No sé —respondió.

Así que me acerqué y me dirigí al agente en la puerta de salida, y me dijo:

—Los asistentes de vuelo no han llegado aún, y no podemos permitir que nadie suba hasta que lleguen.

Entonces anunció lo mismo por el sistema de comunicaciones; pude ver a todos en la sala de espera decepcionados. Se veían miserables.

Miré a Dick, y le dije:

—¿Sabes? Veamos si podemos ayudar a estas personas.

Así que me acerqué a la cafetería más cercana, y le dije a la mujer que estaba allí, llamada Denise:

—Por favor, quiero sesenta coca colas.

Atónita por un momento, al fin dijo:

—¿Quiere sesenta?

Entonces le expliqué:

—Hay un montón de pasajeros decepcionados en la próxima puerta de salida, y necesitan algo que les levante la moral.

—¿No bromea? ¿Va a comprarles una a todos? —preguntó.

—Así es.

Guardó silencio un momento, y dijo:

—¿Puedo ayudar?

Ella, Dick, y yo les llevamos las bebidas a las personas en la puerta de salida, y pude ver que no estaban seguros de lo que pasaba. Así que dije:

—Su atención, por favor. Mi nombre es John Maxwell. Como no vamos a salir antes de treinta o cuarenta y cinco minutos, me parece que al menos podría ofrecerles algo de beber. Yo pago.

Comencé a repartir las bebidas, aunque sabía que me veían raro. Igual pensaba el personal de la aerolínea, pero después de un rato comencé a relacionarme con ellos, y cuando se enteraron que las aeromozas estaban en la pista y pronto llegarían a la puerta de salida, al fin pude convencerlos de que nos metieran en el avión.

Tan pronto como todos entramos al avión, vi una enorme canasta con maní, barras de granola, y dulces en el pasillo, y pensé: *Oye, deben comerse algo con esa coca cola.* Así que pasé por el pasillo repartiendo las golosinas. En sólo cinco minutos les serví a todos algo de comer, y bebían sus cocas. Más o menos en ese momento llegó apurado el personal de vuelo. Se disculparon mucho. De inmediato dijeron, a través del sistema de comunicación del avión: «Damas y caballeros, comenzaremos ahora mismo. Tan pronto podamos vamos a empezar el servicio de bebidas».

Bueno, se escucharon muchas risas y murmullos en la cabina, y una de las aeromozas le dijo a la otra:

—¿Qué está pasando?

—Hola, mi nombre es John —dije—. Ahora no les preocupa mucho el servicio. Ya les di algo de tomar y unas golosinas para comer. En verdad, ¿le molestaría que me dirija a todos por un momento?

Se echaron a reír y dijeron:

—Seguro. ¿Por qué no?

Mientras salíamos de la pista, me dejaron hablar.

—Hola —dije—, este es su amigo, John Maxwell. Por favor abróchense los cinturones. Vamos a despejar en unos momentos, y tan pronto estemos en el aire, volveré a servirles.

La pasamos muy bien en ese viaje. Hablé con todos y ayudé a servir las bebidas. Cuando aterrizamos, pedí hablar por última vez.

—Gente —dije—, este es John. Me alegra que estuvieran hoy en este vuelo. ¿Verdad que la pasamos bien?

Todos aplaudieron y silbaron.

—Ahora cuando nos bajemos, iré al área de equipaje. Si alguno tiene algún problema, por favor búsqueme, y nos encargaremos inmediatamente de la situación.

Mientras ayudaba a las personas en el área de equipaje a encontrar sus valijas, se me acercó un hombre y me dijo:

—Esto ha sido fantástico. Soy de Florida, y traemos unas toronjas con nosotros. Tenga, tome una.

—Muchas gracias —dije—. Sabe, tengo dos hermanos viviendo en la Florida, en Winterhaven.

—¡Allí es donde vivo! —acotó—. Perdóneme, ¿cuál es su nombre? ¿John Maxwell? ¡Espere! ¿Su hermano se llama Larry y su esposa, Anita?

—Así es.

—¡Los conozco! —dijo—. Anita sirve en una directiva conmigo. Los llamaré ahora mismo. No van a creerlo.

Se apuró a una sección de teléfonos.

—He viajado por años —dijo—, ¡y nunca me pasó nada como esto!

Lo que pudo ser un miserable vuelo aéreo con personas agotadas y molestas resultó una experiencia que ninguno olvidará. ¿Por qué? Porque una persona decidió cuidar de los demás y ayudarlos a superar una situación potencialmente desagradable. Es un proceso que llamaremos *naturalmente guiar*.

Muchas personas necesitan ayuda para resolver algunas de las dificultades de la vida. Ese vuelo quizás no era nada más que una inconveniencia para la mayoría de esos pasajeros, pero pese a ello disfrutaron que alguien los dirigiera, con una buena actitud, a través de una experiencia. Ese tipo de asistencia hace falta y es apreciada por la mayoría, sobre todo cuando se acercan los complicados problemas de la vida, y cuando se dificulta lidiar con ellos.

Una persona reconocida por tratar de ayudar a los demás a resolver sus problemas es Ann Landers. Hablando respecto a lo que ha aprendido de las personas a través de las cartas recibidas para su columna, dijo:

> He aprendido bastante, incluyendo, más significativamente, lo que tenía en mente Leo Rosten al decir: «Cada uno de nosotros está un tanto solitario, muy dentro, y grita porque quiere ser comprendido». He aprendido cómo son las cosas con las personas sufridas y torturadas en este mundo que no tienen a nadie con quien hablar. El hecho de que la columna tenga éxito afirma, por lo menos para mí, la tragedia central de nuestra sociedad, el aislamiento, la inseguridad, el temor que confunde, daña, y paraliza a tantos de nosotros. He aprendido que el éxito financiero, los logros académicos, y la posición social o política no abren las puertas a la paz mental o la seguridad interna. Todos deambulamos, cual ovejas, en este planeta.[1]

Las personas a quienes influye necesitan su ayuda, especialmente las que tratan de llegar a un nuevo nivel, cuando comienzan una nueva aventura, o entran a una nueva fase de vida. Les hace falta alguien que les dirija o les guíe. Mel Ziegler, fundador de *Banana Republic*, delineó la habilidad del dirigente para naturalmente guiar al escribir: «El líder descubre el cisma oculto entre dónde están las cosas y dónde estarían mejor, y teje un puente temporal para tratar de cruzar. Desde el otro lado guía a los que se atrevan a cruzar este curso tan frágil hasta que los ingenieros puedan construir un trecho más firme para todos».[2]

El líder es alguien que ve más que los demás,
ve más lejos que los demás, y antes que ellos.
—*Leroy Eims*

Ziegler pintó una imagen vívida. Para la mayoría de las personas, el liderazgo que necesitan no es simplemente un hecho singular, sólo una hondonada por cruzar. Muchos necesitan dirección de manera continua hasta que pueden organizar sus vidas, y luego pueden ser animados a realizar el viaje por su cuenta. Eso se parece más a una travesía oceánica en la cual tiene que navegar con ellos que a una hondonada que debe obligarlos a cruzar. Tiene que ayudarlos a encontrar su camino, identificar los témpanos, y sobrepasar las aguas tormentosas, y tiene que viajar con ellos al menos hasta que anden por el curso correcto y puedan aprender a navegar por su cuenta.

EL GUÍA IDENTIFICA EL DESTINO

Un buen guía ayuda a las personas a identificar su destino. En *Be the Leader You Were Meant to Be* [Sea el líder que se supone que fuera], Leroy Eims escribió: «El líder es alguien que ve más que los demás, ve más lejos que los demás, y antes que ellos». En el capítulo anterior, hablamos respecto a la importancia de presentarles a los individuos una visión de su futuro para que puedan animarse a crecer. El próximo paso es mostrarles su destino de una manera más concreta. Muchos de los que están insatisfechos y desanimados se sienten así porque no se aferran a una visión para ellos. Dicen que: «Enterrar nuestros sueños es enterrarnos a nosotros mismos, porque realmente somos "el material del que están hechos los sueños"». Tiene que ayudar a otros a descubrir su sueño y entonces movilizarlos hacia él. Sin movimiento, no puede guiar, y cualquier movimiento será progreso solamente si es en dirección a la meta.

Quizás ya reconozca gran parte del potencial de las personas que trata de conducir, pero necesita conocerlas mejor. Para ayudarlas a reconocer la meta por la cual se esforzarán, le hará falta conocer lo que les interesa en verdad, lo que les motiva. Para hacerlo, averigüe lo siguiente:

- **¿Qué los hace llorar?** Para saber a dónde verdaderamente desean ir las personas, debe conocer lo que toca sus corazones. La pasión y la compasión son motivadores apremiantes. Se dice que las grandes mujeres y hombres de la historia lo fueron no por lo que se ganaron, sino por lo que entregaron de su vida para alcanzar la meta. Oiga con su corazón y es probable que descubra las cosas por las cuales otros están dispuestos a entregarse.
- **¿Qué los hace cantar?** Frank Irving Fletcher observó: «Ningún hombre puede realizar las cosas si su corazón es más pesado que su carga». Hay una gran diferencia entre las cosas que tocan los corazones de las personas y las que las abruman. A la larga, la gente tiene que dedicar mucha energía a lo que le da gozo. Buscar entusiasmo en aquellos a quienes conduce le dará otra pista de su meta propuesta.
- **¿Qué los hace soñar?** Napoleón Hill afirmó: «Encaríñese con sus visiones y sus sueños como si fueran los niños de su alma; los planos para sus logros definitivos». Si puede ayudarles a descubrir sus sueños y creerlos en verdad, puede ayudarlos a cumplir su objetivo.

El guía traza el curso

Cuando uno considera las pasiones, el potencial, y la visión de las personas está mejor capacitado para ver a dónde realmente desean ir porque los ve con mayor profundidad y discernimiento. Muchas veces, ellas dicen que su meta es la felicidad o el éxito, pero si identifican una cosa tan somera como su destino, su desilusión está segura. Como enfatizara John Condry: «La felicidad, la riqueza, y el éxito son el resultado de fijar metas; no pueden ser las metas mismas».

Una vez que asista a los demás como guía para que identifiquen una visión para sus vidas, tiene que ayudarlos a encontrar alguna manera de realizarla. Eso implica trazar un curso y establecer metas. J. Meyers señaló: «Un lapicero #2 y un sueño pueden llevarlo a cualquier parte». Indudablemente entendió el valor de la planificación y de escribir las metas. Eso no significa que las cosas siempre salgan como uno espera, pero tiene una ventaja con el plan de acción. Una buena regla a seguir es establecer sus metas de manera firme, escribiéndolas sobre el concreto, por decirlo así, pero sus planes escríbalos sobre la arena.

Para ayudar a las personas a trazar su curso, preste atención a estas áreas:

A dónde tienen que ir

Se sorprendería de lo mucho que los individuos pueden alejarse del camino al tratar de alcanzar sus metas. Como escribiera E. W. Howe en *Success Is Easier Than Failure* [El éxito es más fácil que el fracaso]: «Algunas personas atacan Alpes imaginarios durante toda su vida, y mueren en las colinas maldiciendo las vicisitudes inexistentes». Aquellos que aún no experimentan el éxito muchas veces no saben qué es lo que hace falta para avanzar de donde están hacia donde quieren ir. Se lanzan a un laberinto de actividad porque no reconocen que pueden tomar un sendero más fácil. Como guía, usted ha de mostrarles el mejor curso.

Lo que tienen que conocer

Escuchamos un relato cómico de un esposo que deseaba ayudar a su esposa porque sospechaba que tenía problemas auditivos. Una noche se paró al otro lado del cuarto, apartado de ella, vuelto de espaldas, y muy quedo, dijo: «¿Me oyes?» Ella no respondió, así que se acercó y repitió: «¿Me oyes, ahora?» Nada todavía. Se acercó más y preguntó: «¿Me oyes?» No escuchó respuesta, así que al fin repitió la pregunta directamente detrás de ella. Esta se volteó para verlo y le dijo: «Por cuarta vez, *¡Sí!*»

Por ahí hay demasiadas personas parecidas a ese esposo. Quieren tener éxito y ayudar a los demás, pero su mal entendimiento o falta de conocimiento se los impide. Un buen guía reconoce los puntos ciegos en otros, los identifica con gentileza, y ayuda a la gente a sobreponerse a ellos.

Cómo tienen que crecer

Cuando guíe a los demás, recuerde que no pueden completar todo el viaje en un solo día. Tienen que crecer hacia sus metas y tomar las cosas con calma, paso a paso. Un experimento realizado por Alfred J. Marrow, presidente de una compañía con un doctorado en psicología, ilustró este hecho. Estaba interesado en encontrar una manera de ayudar a los empleados sin entrenamiento a alcanzar la ejecución óptima, e igualar las medidas de sus empleados diestros y entrenados tan pronto como fuera posible.

Marrow decidió dividir algunos empleados nuevos en dos grupos. En el primero, les pidió a los obreros sin entrenamiento que igualaran la producción de los entrenados en doce semanas. Con el segundo grupo, estableció metas semanales ascendentes. La meta de cada semana era un poco más ambiciosa que la de la anterior.

Un lapicero #2 y un sueño pueden
llevarlo a cualquier parte.
—*J. Meyers*

En el primer grupo con una sola meta, únicamente el sesenta y seis por ciento de los obreros pudieron satisfacer sus expectativas. El segundo grupo con las metas intermedias trabajó significativamente mejor y pudo igualar más rápido los promedios de producción de los obreros experimentados de la compañía.[3]

Mientras trabaja con las personas, ayúdeles a averiguar no sólo su destino a largo plazo, sino también los pasos cortos por el camino. Ayúdeles a identificar metas inalcanzables que les inspiren confianza, y progresarán.

El guía anticipa las cosas

Pocas cosas desaniman más que ser debilitado, sobre todo cuando alguien que pudo ayudar no hace nada mientras sucede. Por eso anticipar las cosas por otros es parte de su tarea como guía. Como líder y mentor de las personas, usted visita lugares que ellos todavía no han visitado, tiene experiencias que ellos aún no tienen, y ha alcanzado una perspicacia que ellos todavía no desarrollan. Usted tiene la habilidad de prepararlos para lo que van a enfrentar; si no lo hace, no les está ayudando de la manera en la que debería y ya no está cumpliendo una de sus funciones más importantes como líder. El cómico estadounidense Arnold H. Glasow percibió el significado de esto: «Una de las pruebas del liderazgo es reconocer un problema antes de que se convierta en una emergencia». Eso es algo que aquellos menos experimentados que ayuda no pueden hacer por su cuenta al principio.

He aquí cuatro cosas que debe ayudarlos a entender al emprender el camino:

1.   Todo el mundo enfrenta problemas

Alguien mencionó: «Si mantiene su cordura cuando todos a su alrededor la pierden, usted simplemente no entiende el problema». A medida que guía a las personas y les ayuda a crecer, es posible que perciba que esperan alcanzar un punto un día en que desaparezcan los problemas. No importa cuán lejos vayan o cuánto éxito lleguen a tener, enfrentarán dificultades siempre, como dijo el escritor y promotor de artistas Elbert Hubbard: «El hombre que no tiene más problemas por resolver está fuera del juego».

El Barna Research Group [Grupo de investigaciones Barna] encuestó a más de mil doscientas personas para acumular información respecto a los problemas que enfrentaban. Se les pidió que identificaran su necesidad o problema más apremiante. He aquí sus respuestas junto con el porcentaje de personas según el grado de los problemas más apremiantes:

    39%   Financieros
    16%   Laborales
    12%   Salud personal
     8%   Tiempo y tensión
     7%   Crianza de los hijos
     6%   Logros académicos
     3%   Temor al crimen
     3%   Relaciones personales[4]

Como puede ver, las personas enfrentan varios problemas, y el dinero parece ser el mayor. Prepárese a asistirlos, y recuerde resolver sus propios asuntos antes de tratar de ayudar a los demás con los suyos.

2. *Las personas con éxito enfrentan más problemas que las que no lo tienen*

Otro malentendido común y corriente es que la gente exitosa logra las cosas porque no tiene problemas. Pero eso no es cierto. En su libro *Holy Sweat* [Sudor santo], Tim Hansel cuenta este relato:

En 1962, Victor y Mildred Goertzel publicaron un revelador estudio de 413 personas famosas y excepcionalmente dotadas. El estudio se intituló *Cradles of Eminence* [Cuna de la eminencia]. Estos dos investigadores se pasaron años tratando de entender la fuente de la grandeza de ellas, el vínculo común que unía la vida de todas estas distinguidas personas. El hecho más relevante fue que casi todos ellos, 392, tuvieron que superar muchos obstáculos difíciles para llegar a ser lo que eran. Sus problemas se convirtieron en oportunidades más que en obstáculos.[5]

Los individuos no sólo superan obstáculos para llegar al éxito, sino que aun luego de lograr un nivel de éxito, continúan enfrentando problemas. Las malas noticias son que mientras más avanzan, más se complica la vida tanto personal como profesionalmente. Los itinerarios llegan a ser más incómodos, aumentan los asuntos monetarios, y se demanda más de ellas. Las buenas nuevas son que de continuar creciendo y desarrollándose, su habilidad para lidiar con los problemas también aumentará.

3. El dinero no soluciona los problemas

Otra creencia errónea es que el dinero soluciona todos los problemas. En verdad lo cierto es lo opuesto, las personas con dinero tienden a estar menos contentas y tienen más problemas. Por ejemplo, Ernie J. Zelinski cita una encuesta reciente que muestra que un porcentaje mayor de las que ganan más de $75,000 al año están menos satisfechas con sus sueldos que las que ganan menos. También señaló:

Un gran porcentaje de ricos tienen más problemas de alcohol y drogas que la población general. Tengo una teoría sobre cuán bien estaríamos con mucho dinero. Si estamos felices y resolvemos los problemas cuando ganamos $25,000 al año, estaremos felices y resolveremos bien los problemas cuando tengamos mucho más dinero. Si somos infelices y no resolvemos los problemas con $25,000 al año, podemos esperar lo mismo con más dinero. Seremos igualmente infelices y no resolveremos los problemas, pero con más comodidad y estilo.[6]

En definitiva, debe tratar de ayudar a la gente a entender que el dinero no sustituye las destrezas básicas para resolver los problemas que necesita desarrollar. Los conflictos financieros casi siempre son un síntoma de otras dificultades personales.

4. Los problemas proveen una oportunidad para el crecimiento

Mientras anticipa las cosas y ayuda a las personas, percátese de que aunque los problemas causan dolor, también proveen una excelente oportunidad para el crecimiento.

O como lo dice la autora Nena O'Neill: «De cada crisis viene la oportunidad para renacer».

El pueblo de Enterprise, Alabama, entiende esa idea. Allí hay un monumento a un insecto mexicano, construido en el 1919. La historia tras el mismo es que en 1895, el insecto destruyó la principal cosecha del condado, el algodón. Después de ese desastre, los agricultores locales comenzaron a diversificar sus siembras, y la cosecha de maní de 1919 excedió mucho el valor de las mejores cosechas de algodón. En el monumento se registran las siguientes palabras: «Con profundo aprecio al insecto y lo que hizo como heraldo de la prosperidad... De un momento de lucha y crisis llegó un nuevo crecimiento y el éxito. Tras la adversidad vino la bendición».

Como ciertamente ha observado, no todo el mundo se ocupa de los problemas de la vida en la misma forma. El historiador Arnold Toynbee creía que todas las personas reaccionan de una entre cuatro maneras bajo circunstancias difíciles:

1. Refugiarse en el pasado
2. Soñar con el futuro
3. Ensimismarse y esperar que alguien les rescate
4. Enfrentar la crisis y transformarla en algo útil

Mientras ayude a otros, permítales saber que podrían aguardarlos aguas tormentosas. Muéstreles que es sabio anticipar las cosas como mejor puedan. Cuando lleguen los problemas, anímelos a enfrentarlos y a tratar de ser mejores como resultado.

EL GUÍA HACE CORRECCIONES
EN LA TRAYECTORIA

Oímos que antes del tiempo de los sofisticados equipos de navegación electrónicos, el navegante acostumbraba leer las estrellas en un momento particular en medio de la noche, determinaba cuán desviada de la trayectoria estaba la nave, y ajustaba el curso. No importa la precisión con que se estableciera el curso original o cuán cuidadosamente el timonel siguiera sus directrices, la nave siempre se salía de la trayectoria y requería ajustes.

Las personas son iguales. No importa cuán enfocadas estén o cuán bien planifiquen, se salen del curso. El problema llega cuando se les dificulta realizar las correcciones, ya sea porque no saben que están desviadas, o porque desconocen qué deben hacer para arreglar las cosas. No todo el mundo puede solucionar los problemas de manera natural. Para la mayoría de las personas, es una destreza por aprender. John Foster Dulles, ministro de estado durante el gobierno de Eisenhower, propuso que «la medida del éxito no es que uno tenga un problema difícil con el cual tiene que lidiar, sino si es el mismo problema que tuvo el año pasado». Como guía, puede ayudar a la gente a evitar esa situación.

Enséñeles a no escuchar a los críticos incrédulos

En el libro *El liderazgo centrado en principios*, Stephen Covey cuenta cómo Colón fue invitado en una ocasión a un banquete en donde se le ofreció el lugar más honorable en la mesa. Un cortesano frívolo que sentía celos de él, preguntó abruptamente:

—Si usted no hubiera descubierto las Indias, ¿acaso no hay otros hombres en España que podrían haber realizado la empresa?

Colón no respondió pero tomó un huevo e invitó a la compañía a que lo pararan. Todos lo intentaron, pero nadie lo logró, después de lo cual el explorador hizo una hendidura en la mesa, y lo paró.

—¡Así podríamos haberlo hecho todos! —gritó el cortesano.

—Sí, si sólo hubieran sabido cómo —respondió Colón—. Y una

vez que les mostré el camino hacia el Nuevo Mundo, nada es más fácil que seguirlo.

Cuando guíe a los demás, recuerde que ellos no pueden realizar todo el viaje en un día.

La verdad es que es cien veces más fácil criticar a otros que encontrarles soluciones a los problemas. Pero la crítica no le lleva a ninguna parte. Alfred Armand Montapert lo resumió de esta manera: «La mayoría percibe los obstáculos; pocos ven los objetivos; la historia registra los éxitos de estos últimos». Ayude a las personas bajo su influencia a ignorar a los críticos y mantener sus ojos en el cuadro completo. Muéstreles que la mejor manera de silenciar las críticas es solucionar el problema y continuar.

Entrénelos para que no se abrumen por los retos

Un jugador novato de las grandes ligas enfrentó al lanzador Walter Johnson por vez primera cuando este estaba en su apogeo. El bateador terminó con dos lanzamientos perdidos y regresó al banco. Le dijo al árbitro que se quedara con el tercero, había visto suficiente.

Es probable que casi cualquiera se desanime al enfrentar problemas difíciles. Por eso es una buena idea dirigir a las personas a través de sus conflictos, especialmente a principios del proceso de ser su mentor cuando comienza a ayudarlos a navegar. Anímelos a mantener una actitud positiva, y bríndeles estrategias para solucionar los problemas.

El experto en administración Ken Blanchard recomienda un proceso de cuatro pasos para solucionar problemas que incluye: (1) pensar en el problema para determinarlo, (2) crear teorías para solucionarlo, (3) predecir las consecuencias al establecer las teorías, y (4) elegir cuál método usar basados en un panorama amplio. Blanchard dice: «Ya sea que usted elija unas vacaciones o un cónyuge, un partido o un candidato, una causa a la cual contribuir o un credo para vivir, ¡piense!» No hay problemas imposibles. El tiempo, el pensamiento, y una actitud positiva pueden solucionar casi cualquier cosa.

Anímelos a buscar soluciones sencillas

Hay un par de claves para el método más efectivo de solucionar problemas. La primera es reconocer que la manera sencilla de solucionarlo es mejor que la más sagaz. Un ejemplo de la vida de Thomas Edison ilustra bien este punto. Se dice que tenía una manera singular de emplear ingenieros. Le daba al solicitante un bombillo y le preguntaba: «¿Qué cantidad de agua puede contener?» Había dos maneras en las que los ingenieros casi siempre trataban de solucionar el problema. La primera era medir todos los ángulos del bombillo, y luego utilizar esas medidas para calcular el área de la superficie. Ese método algunas veces tomaba tanto como veinte minutos. La segunda manera era llenar el bombillo con agua y luego derramar el contenido en una taza de medir, lo cual generalmente tomaba un minuto.[7] Edison jamás empleó a los ingenieros que usaron el primer método. Él no quería que lo impresionaran, deseaba que brindaran resultados sencillos.

El segundo elemento en la solución efectiva de los problemas es la habilidad de tomar decisiones. Thomas J. Watson, antiguo director de IBM, creía que solucionarlos rápidamente era esencial para progresar. «Soluciónelo», afirmaba. «Soluciónelo rápido, bien o mal. Si lo soluciona mal, rebotará y lo golpeará en el rostro, y entonces podrá resolverlo bien. Quedarse muerto en el agua y no hacer nada es una alternativa cómoda porque no es arriesgada, pero es una manera absolutamente fatal de administrar un negocio». También es una terrible manera de la gente de administrar sus vidas. Ayude a otros a percatarse de cuándo necesitan ajustar el curso, encontrar soluciones sencillas en las que crean, y ejecutarlas sin demora. No permita que continúen viajando extraviados por ningún tiempo.

Inculque confianza en ellos

Un obstáculo al ayudar a otros con sus problemas y errores es que pueden dudar de ellos mismos. Anime continuamente a las personas que ayuda. George Matthew Adams afirmó: «Lo que piense es más significativo que ninguna otra cosa en su vida. Más de lo que gana, más de lo que cuesta su casa, más que su posición social, y más que lo que alguien pudiera pensar de usted». El tamaño de los individuos y la calidad de su actitud son más importantes que el de ningún problema que puedan enfrentar. Si aquellos a quienes sirve como mentor se mantienen confiados, podrán vencer cualquier obstáculo.

EL GUÍA SE QUEDA CON EL PUEBLO

Por último, el buen guía viaja con las personas que conduce. No dirige para luego marcharse. Viaja junto con su pueblo como amigo. Richard Exley, autor y conferencista, explicó su idea acerca de la amistad de esta manera: «Un verdadero amigo es alguien que escucha y entiende cuando usted expresa sus sentimientos más profundos. Lo apoya cuando lucha; lo corrige, gentilmente y con amor, cuando yerra; y lo perdona cuando fracasa. Un verdadero amigo lo impulsa al crecimiento personal, lo estira para que alcance todo su potencial. Y lo más sorprendente es que celebra sus éxitos como si fueran propios».

A medida que acompañe a algunas de las personas que influye y las guíe, podrían experimentar momentos difíciles. Usted no será perfecto ni tampoco lo serán ellos, pero recuerde las palabras de Henry Ford: «Su mejor amigo es aquel que le saca lo mejor». Esfuércese por seguir ese objetivo, y ayudará a muchas personas.

Una vez que ellas aprendan a convertirse en individuos que son eficientes para buscar soluciones a los problemas y puedan guiarse por su cuenta, sus vidas comienzan a cambiar dramáticamente. Ya no se sienten indefensos ante las difíciles circunstancias de la vida. Pueden aprender a resistir los embates, y hasta evitar algunos. Una vez que la solución de problemas se convierta en un hábito, ningún desafío parecerá demasiado grande.

Jim es un excelente pensador y eficiente para solucionar problemas. Ha transitado a través de algunas situaciones bastante interesantes durante los años. Hace poco, recordó una historia que indudablemente disfrutará:

Hace un par de años, mientras Nancy y yo dirigíamos un seminario de negocios en un enorme crucero por el Caribe, nos llamaron a una importante reunión de negocios en Michigan. No tuvimos problemas para llegar allí porque se hicieron los arreglos para que nos recogieran en un avión privado en el aeropuerto de San Juan, Puerto Rico. No obstante, salir de Michigan y regresar fue otro cantar.

Nuestro plan era regresar en el mismo avión al día siguiente y encontrarnos con el barco en el puerto próximo. De allí la nave regresaría a Miami, y podríamos continuar enseñando nuestro seminario. Pero al salir, en Michigan, nuestro avión tuvo un problema y hubo que regresar al hangar. Eso nos causó un serio problema. No había vuelos comerciales para nuestro destino, ni aviones privados con suficiente alcance como para llevarnos a San Martín, que dista unos 2400 kilómetros de la costa de Florida.

Perder el seminario simplemente no era una opción para nosotros, así que indagamos otras posibilidades. Lo mejor que podíamos hacer era tomar un avión privado hasta Atlanta y arreglárnoslas para encontrar otro que nos llevara el resto del camino.

Cuando aterrizamos en Atlanta, ya teníamos los arreglos para tomar otro avión, que estaba listo y esperando por nosotros. Tan pronto como nuestra nave se detuvo, recogimos nuestras cosas y salimos disparados para el otro avión. Puede imaginarse lo aliviados que nos sentimos al entrar y despegar.

No pasó mucho tiempo sin que nos percatáramos de que nuestro vuelo llegaría a la isla exactamente quince minutos después de la hora programada para la salida de la embarcación. «Tenemos que comunicarnos con ellos para retrasar la partida» dije.

El piloto trató de resolver el problema a través de la radio y se las arregló para comunicarse con el capitán del barco desde la cabina. Accedió retrasarse unos veinte minutos. Entonces el piloto hizo los arreglos para que pasáramos rápido por la aduana, y cuando se nos dijo que podríamos hacerlo, comenzamos a sentirnos optimistas.

Nos apuramos al primer taxi que pudimos encontrar y salimos, pero casi de inmediato, nos topamos con una enorme congestión de tráfico.

—¿Cuán lejos está el barco? —preguntó Nancy.

—Al otro lado de la isla —respondió el conductor.

—¿Cuánto tiempo tomará eso?

—Quince, quizás veinte minutos.

—Tenemos que llegar en menos de diez —dije, ofreciéndole una buena propina.

Me miró, observó el dinero, y dijo:

—Sí, señor.

Subió el taxi sobre la acera y dobló rápidamente por una callejuela. Subimos encima de las cunetas, cruzamos los semáforos, y pasamos por callejuelas en forma muy rápida. Nos sentimos como si estuviéramos en un aparato de carreras en Disneylandia. Nos pareció haber visto el traspatio de cada edificio en la isla. Entonces salimos disparados por un estrecho pasadizo entre dos edificios deslizándonos a la luz del día al puerto, y vimos la nave anunciando con su bocina su inminente salida.

Mientras nos deteníamos chillando las llantas al final del puerto, salimos del taxi. Entonces fue que escuchamos los saludos. Evidentemente, le dijeron a nuestra gente en la nave que estábamos luchando por regresar. Cuando al fin miramos por segunda vez, pudimos ver más de quinientas personas desde la borda haciendo ruido, aplaudiendo y saludando para celebrar nuestra llegada.

—¿Oiga, y quiénes son ustedes? —preguntó nuestro conductor.

Simplemente le entregué el dinero y dije:

—Gracias por su ayuda.

Entonces Nancy y yo salimos corriendo a la entrada del barco.

No fue fácil, pero lo hicimos.

La habilidad de atravesar los problemas y sobreponerse a los obstáculos es una destreza que cualquiera puede aprender, pero implica práctica. Si Jim y Nancy hubieran enfrentado la misma situación veinte años antes, tal vez no habrían llegado a la nave; pero a través de los años, han desarrollado una increíble habilidad para hacer las cosas, no sólo en sus vidas, sino en la de los demás.

Usted puede tener esa misma habilidad. Conviértase en guía en la vida de los demás. Podrá usar su influencia para ayudarlos a avanzar al próximo nivel, y de asistirlos durante sus horas más tenebrosas, serán sus amigos por toda la vida.

Puntos para verificar la influencia
GUÍE A OTRAS PERSONAS

❑ **Identifique su meta.** Piense en los tres individuos que decidió desarrollar. ¿Cuáles son las metas de ellos? Observe qué los hace llorar, cantar, y soñar. Escriba esas cosas aquí:

Persona 1:_____
    Llora:_____
    Canta:_____
    Sueña:_____

Persona 2:_____
    Llora:_____
    Canta:_____
    Sueña:_____

Persona 3:_____
    Llora:_____
    Canta:_____
    Sueña:_____

❑ **Anticipe.** Basado en su experiencia y conocimiento de estas personas, enumere las dificultades que piense que puedan enfrentar en el futuro cercano:

1. _____
2. _____
3. _____

❑ **Planifique.** ¿Cómo puede ayudarlos guiándoles a través de estos problemas potenciales? Escriba lo que pueda hacer y cuándo debe hacerlo.

1. _____
2. _____
3. _____

CAPÍTULO 8

Una persona influyente . . .

CONECTA CON
LAS PERSONAS

MULTIPLICACIÓN

MENTOR — *Conecta*

MOTIVACIÓN

MODELO

¿Ha asistido alguna vez a una reunión escolar de familiares o egresados? Puede ser divertido ya que le ofrece la oportunidad de conectarse con personas que no ha visto por mucho tiempo. Hace poco, John fue a cierto tipo de reunión, y la pasó muy bien. Permita que se lo cuente:

Mi primer trabajo al salir de la universidad en 1969 fue en una pequeña iglesia en Hillham, Indiana. Allí fui pastor principal durante tres años. La iglesia realmente creció en el breve tiempo que Margaret y yo estuvimos allí, tanto que tuvimos que construir un edificio nuevo en 1971 para acomodar a toda la gente. Recordamos esos tres años como un momento crucial de crecimiento en nuestras vidas que en verdad disfrutamos, y del cual nos beneficiamos.

Hace poco, recibí una llamada telefónica de una pequeña iglesia rural. La persona que llamaba explicó emocionada que estaban listos para celebrar el vigésimo quinto aniversario del edificio que construimos. Estaban preparándose para un gran servicio e invitar a todo el mundo en los alrededores a que celebraran con ellos. La persona se detuvo y tragó saliva. Finalmente preguntó: «Dr. Maxwell, ¿estaría dispuesto a regresar y predicarnos durante ese servicio dominical?»

«Me encantaría hacerlo» le dije. «Sería un honor. Simplemente dígame el día, y estaré allí».

Durante los próximos meses, pasé algún tiempo pensando en cómo podía convertir ese día en algo grande para ellos. Lo último que deseaba era volver como algún tipo de héroe. Sabía que necesitaba maneras de conectarme con ellos.

Lo primero que hice fue pedirles que me enviaran una copia del directorio de la iglesia con los retratos y los nombres de todas las personas en su congregación. En el libro había muchos rostros que pude reconocer. Algunas personas tenían menos pelo de lo que recordaba, y gran parte de ese cabello estaba gris, pero conocía los rostros tras esos veinticinco años de arrugas. Muchos otros me resultaron nuevos. Hijos e hijas de aquellos que amaba, y algunos nombres nuevos que no reconocía. Me pasé varias horas escudriñando esas fotos y memorizando los nombres.

Entonces preparé el mejor mensaje que pude, lleno de relatos de nuestras experiencias comunes. Les hice partícipes de algunos de mis errores y recordé todas sus victorias. Quería que supieran que todos tenían parte en mi éxito. Ellos eran hacedores de reyes, me sentía muy privilegiado por haberles servido durante tres años y haberme beneficiado de su cariñoso apoyo y su atención.

Pero sabía que más importante que el mensaje que predicara o cualquier otra cosa que hiciera era el tiempo que pudiera pasar con ellos. Así que cuando llegó el momento, Margaret y yo volamos anticipadamente, y nos pasamos el sábado por la tarde con algunos de los veteranos que fueron parte tan vital de nuestro ministerio veinticinco años antes. Juntos recordamos cosas maravillosas. Les hablé de algunos de mis recuerdos más queridos, y entonces me sorprendieron con unos cuantos relatos suyos. Por ejemplo, había un hombre en una silla de ruedas que era adolescente cuando serví allí. Tuvo un accidente que lo dejó en coma. Lo visité a él y a su familia varias veces en el hospital, y una noche le expresé mi fe mientras yacía inconsciente en su cama. Poco después me marché de Hillham para irme a mi próxima iglesia, y hasta esa visita, no supe que salió del coma.

—¿Recuerda que fue al hospital y me habló hace veinticinco años? —preguntó.

—Seguro que sí —respondí.

—Yo también —me dijo—. Recuerdo ese día con tanta claridad. No pude responderle, pero escuché cada palabra que dijo. Fue el día que me convertí en creyente.

Me contó cómo su fe impactó a otras personas en la comunidad. Fue un momento muy especial.

Al día siguiente, llegué temprano a la iglesia para saludar a la gente mientras arribaban al santuario. Era maravilloso conocer a tantas personas y poder saludarlas por nombre. Les prediqué un mensaje alentador. Aunque habían hecho unas cosas maravillosas desde la última vez que los vi, les dije que podía observar que su mayor potencial estaba en sus próximos veinticinco años. Sus mejores tiempos estaban por delante, y cuando me fui, sentí que no sólo renové a algunos viejos conocidos, sino que también hice muchos nuevos amigos.

El tiempo que John pasó con las personas en Hillham fue breve, pero en ese corto lapso, pudo hacer algo importante para ellos y para él. Se conectó con ellos.

CONECTARSE CAPACITA A OTROS PARA VIAJAR A UN NIVEL SUPERIOR

Conectarse es una parte muy importante del proceso de conducir a otros y es absolutamente crítico si desea influir en las personas de manera positiva. Cuando guía a los demás, va a su lado y viaja en su camino por un tiempo, ayudándolos a lidiar con algunos de los obstáculos y dificultades en sus vidas. Cuando se conecta con ellos, les pide que se acerquen a su lado y viajen por su camino para beneficio suyo y mutuo.

Cuando pensamos en conectarnos con las personas, lo comparamos con los trenes y lo que les sucede en el patio ferroviario. Los vagones que descansan sobre los rieles del estacionamiento tienen muchas cosas a su favor. Tienen valor porque están llenos de carga; tienen un destino; y hasta una ruta mediante la cual llegan a ese destino. Lo que no tienen es manera de llegar a ninguna parte por su propia cuenta. Para hacer cualquier cosa de valor, tienen que unirse con una locomotora.

¿Ha ido alguna vez a un estacionamiento ferroviario y visto cómo las piezas de equipo desconectadas se unen para formar un tren activo? Es un proceso bastante complicado. Todo comienza con la locomotora. Primero, cambia al mismo riel del vagón que va a recoger. Luego se mueve a donde está el vagón, retrocede, se pone en contacto con el mismo, y se conecta. Una vez conectados se movilizan a su destino.

Algo parecido debe suceder antes de que pueda lograr que las personas viajen con usted. Tiene que averiguar dónde están, acercárseles, y conectarse con ellas. De poder hacerlo con éxito, puede llevarlos a nuevas alturas en su relación y en su desarrollo. Recuerde, el camino al siguiente nivel siempre es cuesta arriba, y las personas necesitan ayuda para llegar al nivel superior.

NUEVE PASOS PARA CONECTARSE CON LAS PERSONAS

Afortunadamente, no tiene que ser ingeniero para conectarse con las personas, pero requiere esfuerzo para que se realice esa conexión. Necesitará destrezas de comunicación, deseo de ayudar a las personas a crecer y cambiar, y un sentido de misión personal o propósito, después de todo, tiene que saber a dónde va para llevarse a otros consigo.

Observe los siguientes pasos, y úselos para ayudarse a conectarse con las personas que influye.

1. No menosprecie a las personas

Sólo puede conectarse con las personas y dirigirlas cuando las valora. Los líderes débiles se involucran tanto en la visión a la que van que olvidan a los que tratan de dirigir. Sin embargo, no puede menospreciarlos por mucho tiempo antes de que su liderazgo comience a derrumbarse; y no podrá conectarse con ellos.

Una maravillosa historia del antiguo vocero del gobierno Tip O'Neill revela lo que puede suceder cuando uno menosprecia a las personas. Contó que un día de elecciones, una vecina anciana se le acercó después de votar y le dijo:

—Tip, voté hoy por ti aunque no me lo pediste.

O'Neill se sorprendió.

—Señora O'Brien —dijo—, la conozco de toda mi vida. Le saqué la basura, le corté la grama, recogí la nieve por usted. No creí que tuviera que pedírselo.

—Tip —dijo ella en tono maternal—, siempre es *agradable* que se lo pidan a uno.

O'Neill indicó que jamás olvidó ese consejo.

Valorar a las personas es el primer paso en el proceso de conexión, y tiene beneficios adicionales. Cuando les expresa que no las menosprecia, terminan haciendo lo mismo por usted. Dan Reiland, un amigo y colega, le recordó eso a John. Él se lo contará:

> Hace poco Margaret y yo pasamos un fin de semana largo con Dan y su esposa, Patti. Dan trabaja conmigo desde hace quince años, primero como pastor ejecutivo en la Iglesia Skyline, en donde fui pastor principal, y ahora como vicepresidente de INJOY. Nos pasamos el fin de semana en un hotel en Laguna Beach. Fue maravilloso. Disfrutamos de la piscina y el sauna, comimos buenas comidas, y la pasamos muy bien juntos.
>
> Cuando Margaret y yo nos preparábamos para salir, fui al mostrador a pagar la cuenta, y descubrí que Dan llegó antes que yo y se había ocupado de todo. Luego hablé con él y le dije:
>
> —Dan, no tenías que hacer eso. Quería agasajarlos a Patti y a ti.
>
> —No, John —respondió Dan—, el placer es nuestro. Haces tanto por nosotros; lo menos que quiero es subestimarte.

Bill McCartney, amigo de John, antiguo entrenador principal de los Búfalos de Colorado State, afirma:

«Siempre que se menosprecia a las personas, se cuestiona que Dios los haya creado». Jamás podrá decirles cuánto les ama con demasiada frecuencia, en voz muy alta, o en presencia de mucha gente.

---

*Sólo se conectará con las personas
y las dirigirá si las valora.*

---

2. *Hay que tener una mentalidad que cambie las cosas*

Si desea realizar algo grande y quiere verlo hecho realidad, necesita una actitud que cambie las cosas. Cada vez crea que no puede hacerlo, no lo hará. ¿Cómo puede cultivar una mentalidad firme que desee cambiar las cosas?

Crea que puede cambiarlas. Cada individuo en esta tierra, incluido usted, tiene potencial para cambiar las cosas. Pero sólo puede hacerlo si cree en sí mismo y está dispuesto a entregarse a otros. Como dijera Helen Keller: «La vida es un negocio emocionante y más excitante cuando se vive para otros». Es posible que no pueda ayudar a *todo el mundo*, pero ciertamente puede ayudar a *alguien*.

Crea que lo que comunica puede cambiar las cosas. Nosotros dos pasamos gran parte de nuestras vidas conectándonos y comunicándonos con la gente. Entre los dos, impactamos a más de un millón de personas cada año. Si creemos que lo que les comunicamos no cambiará las cosas, dejaríamos de hacerlo mañana. Pero sabemos que podemos ayudar a los demás a cambiar sus vidas. Creemos que todo surge o se desploma por el liderazgo. Estamos seguros de que las actitudes de los individuos los edifican o los derrumban. Y sabemos que no hay gozo, paz, ni significado en una vida sin fe.

Usted debe creer que lo que tiene que ofrecerles puede cambiar sus vidas. Nadie quiere seguir a una persona sin convicción. Si no lo cree, tampoco lo harán los demás.

Crea que la persona con quien se comunica puede cambiar las cosas. Leímos algo llamado la regla de reciprocidad en el comportamiento humano. Ella afirma que a través del tiempo, las personas se comunican actitudes similares entre sí. En otras palabras, si tenemos una opinión alta de usted y continuamos sosteniéndola, a la larga, llegará a sentir igual respecto a nosotros. Ese proceso construye una conexión entre todos, y abre el camino para una asociación poderosa.

Crea que juntos pueden cambiar mucho las cosas. La madre Teresa es un ejemplo vivo de una verdad que expresara en cierta ocasión: «Puedo hacer lo que usted no puede, y usted puede hacer lo que soy incapaz de hacer. *Juntos* podemos hacer grandes cosas». Nadie jamás logra solo lo que puede hacer cuando se asocia con otros, y cualquiera que no reconozca eso reduce increíblemente su potencial.

Hay un relato acerca de un famoso organista en los años 1800 que ilustra la importancia de reconocer las asociaciones valiosas. El músico viajaba de pueblo en pueblo ofreciendo conciertos. En cada lugar, empleaba a un niño para bombear el órgano durante la función.

Después de cierto programa en particular, no pudo librarse del niño. Este hasta lo siguió de regreso al hotel.

—Ciertamente dimos un gran concierto esta noche, ¿verdad? —dijo el chico.

—¿Por qué dices *dimos*? —replicó el músico—. *Yo* tuve un gran concierto. Ahora, ¿por qué no te vas a la casa?

La noche siguiente cuando el organista estaba en medio de una fuga magnífica, el órgano paró repentinamente. El organista se desesperó. Entonces, de pronto, el niño asomó la cabeza por la esquina del órgano, se sonrió, y le dijo:

—Esta noche el concierto no *nos* va bien ¿cierto?

Si desea conectarse con las personas y llevarlas a un nivel superior, reconozca la diferencia que pueden marcar como equipo, y reconózcala en cada oportunidad.

3.   Inicie el movimiento hacia ellos

Según Tom Peters y Nancy Austin: «El principal problema de productividad administrativa en Estados Unidos es, sencillamente, el de los supervisores desconectados de su gente y de sus clientes».[1] La falta de contacto y comunicación es un problema que afecta a muchos, no sólo a los administradores de las organizaciones. Quizás por eso es que el experto en ventas Charles B. Ruth dice: «Hay muchos casos de vendedores que no tienen nada que ofrecer a un prospecto más que amistad, y venden más que aquellos que tienen todo para ofrecer, excepto amistad».[2]

Creemos que hay muchos motivos por los cuales las personas no se conectan más entre sí que lo usual. Una razón importante, especialmente en las organizaciones, es que muchos líderes creen que es responsabilidad del seguidor iniciar contacto con ellos; pero lo cierto es lo opuesto. Para ser efectivos, los líderes deben ser iniciadores. Si no se acercan a su gente, la encuentran en donde se halla, e inician la relación, entonces ochenta por ciento del tiempo no se realizará conexión alguna.

4. Busque intereses mutuos

Siempre que desee conectarse con otros, comience en donde ambos concuerden. Y eso significa encontrar intereses mutuos. De haber desarrollado buenas destrezas de comunicación, como hablamos en el capítulo 4, probablemente podrá detectar áreas en las que tienen experiencias o puntos de vista comunes. Hable acerca de los pasatiempos, dónde han vivido, su trabajo, deportes, o los hijos. Lo que discuta no es tan importante como su actitud. Sea positivo, y trate de ver las cosas desde el punto de vista de la otra persona. Ser receptivo y amable es la mitad de la batalla. Como se dice algunas veces: «En igualdad de condiciones, las personas harán negocios con aquellos que les agradan. En desigualdad de circunstancias, de todas formas lo harán».

A veces, aunque encuentren intereses mutuos, pueden enfrentar obstáculos en el proceso de comunicación. Si detecta que las personas con las cuales trata de conectarse titubean al acercárseles, trate de encontrarse con ellas en un terreno común emocional. Una excelente manera de hacerlo es usando algo que llamamos *sienten, sintió,* y *encontró* para ayudarlos a que se relacionen con usted. Primero, trate de intuir lo que *sienten,* y reconozca y apruebe esos sentimientos. Si tuvo sentimientos parecidos en el pasado, entonces comparta con ellos acerca de cómo usted también se *sintió* de la misma manera anteriormente. Por último, exprésele lo que *encontró* que le ha ayudado a resolver esos sentimientos.

Una vez que se acostumbre a buscar los intereses mutuos con otros, se percatará de que puede hablarle a casi todo el mundo y encontrarles en donde se hallen. Cuando pueda hacer eso, será capaz de establecer la conexión.

5. *Reconozca y respete las diferencias de personalidad*

Podemos hallar cosas en común con otros, pero igualmente necesitamos reconocer que todos somos diferentes. Ese es uno de los grandes gozos de la vida, aunque no siempre lo veamos de esa manera. Un instrumento excelente para entender a los demás es un libro de una amiga de John, Florence Littauer llamado *Personality Plus* [Personalidad y algo más]. En él, ella describe cuatro tipos básicos de personalidad:

- *Sanguíneo:* desea diversión; es extrovertido, orientado a las relaciones, gracioso, independiente, popular, artístico, emotivo, activo, y optimista.
- *Melancólico:* anhela perfección; es introvertido, orientado a las tareas, artístico, emotivo, orientado a las metas, organizado, y pesimista.
- *Flemático:* desea la paz; es introvertido, no es emotivo, tiene el carácter fuerte, orientado a las relaciones, pesimista, e impulsado por los propósitos.
- *Colérico:* desea poder o control; de carácter fuerte, decisivo, orientado a las metas, organizado, poco emotivo, activo, extrovertido, y optimista.[3]

Casi todo el mundo con quien trate de conectarse pertenece a una de esas categorías (o tiene las características de dos categorías complementarias). Por ejemplo, John es un clásico colérico sanguíneo. Le encanta divertirse, es decidido, y naturalmente toma el liderazgo en casi cada situación. Jim, por otro lado, es melancólico flemático.

Es un pensador analítico al que no lo impulsan las emociones, y casi siempre es introvertido.

Al conectarse con los demás, reconozca y respete sus diferencias en cuanto a la motivación. Con los coléricos, relaciónese con fortaleza. Con los melancólicos, vincúlese enfocándose. Con los flemáticos, conéctese siendo asertivo. Y con los sanguíneos, conéctese con emoción.

El dramaturgo John Luther entendió este punto: «El talento natural, la inteligencia, una educación maravillosa, nada de esto garantiza el éxito. Requiere algo más: la sensibilidad para entender lo que otras personas quieren y la disposición a dárselos». Préstele atención a la personalidad de la gente, y haga lo mejor que pueda por ubicarse donde están. Apreciarán su sensibilidad y comprensión.

6.   Encuentre la llave para la vida de los demás

El industrial Andrew Carnegie tenía una habilidad extraordinaria para entender a las personas y lo que era importante para ellas. Se dice que cuando niño, en Escocia, tenía un conejo que tuvo una manada de conejitos. Para alimentarlos, Carnegie les pidió a los muchachos del vecindario que recogieran tréboles y dientes de león. Como recompensa, cada chico le puso su nombre a un conejito.

Una vez adulto, Carnegie hizo algo parecido que mostró su entendimiento humano. Como quería venderle su acero a la compañía ferroviaria de Pensilvania, cuando construyó un nuevo taller metalúrgico en Pittsburgh, lo nombró Fábrica de Acero J. Edgar Thompson, como el presidente de la compañía ferroviaria de Pensilvania. Este se sintió tan halagado por el honor que de ahí en adelante le compró todo su metal a Carnegie.

No tiene que ser un Carnegie para conectarse con los demás. Simplemente necesita saber qué es importante para ellos. Todo el mundo tiene una llave para su vida. Lo único que tiene que hacer es encontrarla. He aquí dos pistas para ayudarlo en eso: Para entender la mente de una persona, examine lo que ha alcanzado. Para entender su corazón, vea lo que aspira hacer. Eso lo ayudará a encontrar la llave, y una vez que lo haga, úsela con integridad. Emplee la llave sólo cuando tenga autorización de la persona, y aun así úsela sólo para el beneficio de ella, no para el suyo; para ayudar, no para herir.

7. Comuníquese de corazón

Una vez que inicie la conexión con los demás, que encuentre interese mutuos, y que descubra lo que realmente les importa, comuníqueles lo que a usted le interesa. Eso requiere que les hable de corazón.

A cierto joven recién graduado en psicología se le pidió que presentara un discurso a un grupo de ancianos. Durante cuarenta y cinco minutos les habló respecto a cómo vivir sus últimos años con gracia. Cuando acabó el discurso, una mujer de ochenta años se le acercó al joven conferencista y le dijo: «Su vocabulario y presentación fueron excelentes, pero debo decirle algo que entenderá cuando envejezca, ¡no sabe de qué está hablando!»

Ser genuino es el factor más importante al comunicarse con otros, ya sea en forma individual o ante un gran público. Ninguna cantidad de conocimiento, técnica, o habilidad de respuesta rápida puede sustituir la sinceridad y el genuino deseo de ayudar a los demás.

Abraham Lincoln era muy reconocido por su buena comunicación, y en el centro de esa destreza estaba su habilidad para hablar de corazón. En 1842, Lincoln se dirigió a los miembros de la Sociedad de Temperancia de Washington. Durante su discurso titulado «Caridad al reformar la temperancia», hizo la siguiente observación: «Si desea ganar a un hombre para su causa, convénzalo antes de que usted es su amigo sincero… Crea que puede imponerle su criterio, u ordenar sus acciones, o señalarlo como alguien a quien hay que evitar y despreciar, y se refugiará en sí mismo… No podrá penetrarlo más que lo que podría traspasar el caparazón de una tortuga con una fibra de heno».[4]

Al comunicarse con los demás para establecer conexiones, comuníquese de corazón y sea sincero.

8. *Comunique experiencias comunes*

Para conectarse realmente con otros, tiene que hacer algo más que encontrar intereses mutuos y comunicarse bien. Debe encontrar una manera de cimentar la relación. Joseph F. Newton dijo: «Las personas están solas porque construyen murallas en vez de puentes». Para construir puentes que lo conecten a los demás en forma perdurable, hablen acerca de las experiencias comunes.

---

*Solo, nadie alcanza jamás lo que podría
lograr asociado con otros.*

Por años, los dos disfrutamos de comunicarles experiencias a otros. Por ejemplo, siempre que John emplea un nuevo miembro en su equipo ejecutivo, lo lleva a varias de sus conferencias. Lo hace no sólo porque desea que el nuevo colaborador se familiarice con los servicios que la compañía ofrece a sus clientes, sino también porque pueden viajar juntos y conocerse en una amplia gama contextual. ¡Nada une a la gente más que andar apurados a través de una congestión difícil de tráfico en una ciudad desconocida para llegar al aeropuerto y correr agitados con las maletas hasta la salida para montarse a última hora en un avión!

Las experiencias comunes que les comunique a los demás no tienen que ser tan dramáticas (aunque la adversidad definitivamente une a la gente). Coma con otras personas. Vayan a algún partido deportivo juntos. Llévese a alguien durante una cita o una visita. Todo lo que experimenten juntos que pueda crear una historia común ayuda a conectarlo con otros.

Un maravilloso relato de conexión proviene de la carrera de Jackie Robinson, el primer afroamericano en jugar béisbol de grandes ligas. Robinson enfrentó turbas burlonas, amenazas de muerte, y mucho abuso en casi cada estadio que visitó mientras rompía la barrera de color en el béisbol. Un día, en su estadio en Brooklyn, cometió un error, e inmediatamente, sus propios fanáticos comenzaron a ridiculizarlo. Se quedó en la segunda base, humillado, mientras los fanáticos lo abucheaban. Entonces el parador en corto Pee Wee Reese se paró a su lado. Puso el brazo sobre los hombros de Robinson y miró a la muchedumbre. Los fanáticos se aquietaron. Dicen que Robinson luego afirmó que el brazo de Reese alrededor de su hombro salvó su carrera.

Busque maneras de construir puentes con las personas en quienes influye, especialmente cuando pasan por la adversidad. Las conexiones que haga fortalecerán sus relaciones de manera increíble y los prepararán para el viaje que pueden hacer juntos.

9. Una vez conectados, avance

Si desea influir en los demás, y movilizarlos en la dirección correcta, debe conectarse con ellos más que tratar de llevárselos a otra parte. Intentarlo antes de conectarse es un error común de los líderes inexperimentados. Tratar de moverlos antes de pasar por el proceso de la conexión puede llevar a la desconfianza, la resistencia, y las relaciones tensas. Recuerde siempre que tiene que compartir su persona antes de tratar de compartir el viaje con otro. Como observara alguien en una ocasión: «El liderazgo es cultivar hoy en las personas, una disposición futura por parte de ellos de seguirlo a algo nuevo por causa de algo grande». La conexión crea esa disposición.

Un reto para cualquier influyente es conectarse con personas de otra cultura. Jim ha tenido mucha experiencia en este aspecto ya que trabaja con personas en veintiséis países. Trabajar con aquellos de la antigua cortina de hierro controlada anteriormente por la Unión Soviética le resultó particularmente interesante:

Al inicio, cuando comenzamos a trabajar con la gente al oriente de Europa, fue una experiencia realmente singular. Teníamos poca experiencia con su cultura y sus valores, y notamos que las cosas que aceptábamos en los negocios cotidianos les resultaban extrañas a aquellos que soportaron cincuenta años de dominio comunista.

La mayoría de las personas en Estados Unidos fueron criadas bajo valores éticos y morales judeocristianos. Muchas veces suponemos eso, junto con los beneficios de la libre empresa y el capitalismo. Sin embargo, nuestros nuevos amigos en países como Polonia, Hungría, y la República Checa, estaban acostumbrados a sobrevivir en un mundo corrupto de gobierno opresivo, propaganda oficial, y poca o ninguna enseñanza ética, tal y como se nos enseña. Su medio ambiente los llevó a creer que el éxito sólo llega a los que *esquivan* las reglas, a los que logran «robarle al ladrón». Observamos que muchos abrigaban una mentalidad que los llevaba a creer que el éxito había que alcanzarlo sin importar el costo y notamos cierto orgullo en cuán astutamente podían violar las reglas.

Creímos que era importante mostrarles a estas maravillosas personas que el verdadero éxito solamente es posible cuando uno se comporta con ética y se afirma en los principios de la integridad y la confianza. Parecía un gran trabajo, pero eran inteligentes, y trabajamos con algunos grandes profesionales jóvenes que estaban hambrientos de aprender los secretos del éxito verdadero.

Comenzamos el proceso haciendo todo lo posible por conectarnos con ellos. En cierta medida, ese fue uno de nuestros principales retos como personas influyentes. Pero pudimos encontrar unos cuantos individuos importantes, y nos unimos a ellos como amigos y mentores. Comenzamos a guiarlos a través de este nuevo paradigma de vida ética y negocios basados en principios. Invertimos mucho tiempo conociéndolos mejor y conectándonos en esta digna jornada. Nuestra meta era darles instrumentos para impactar positivamente a los habitantes de su país.

Todavía continuamos en este viaje. Pero indistintamente de que trabajemos con gente al oriente de Europa, en China continental, u otra parte del mundo, reconocemos que las personas, en esencia, son las mismas. Todas desean tener éxito y ser felices, y están ansiosas por aprender de aquellos que les llevan la delantera. Sin embargo, no pueden impactar positivamente a otros individuos hasta que se conecten en persona con ellos. Sólo entonces usted podrá llevarlos en una jornada y realmente efectuar un cambio.

El impacto de Jim y Nancy es tal que se siente alrededor del mundo. Entienden que la influencia significa relacionarse con las personas, criarles, y luego soltarles para que se reproduzcan en la vida de otros. Conectarse es un paso fundamental en ese proceso, pero antes de que puedan llegar al nivel más alto y reproducir su influencia en los demás, deben dar otro paso: Hay que impulsarlos y facultarlos. Ese es el tema del próximo capítulo.

CONÉCTESE CON LAS PERSONAS

❏ **Evalúe su conexión actual.** ¿Cuán fuerte es su vinculación con las personas principales cuyas vidas influye? ¿Conoce la clave vital de cada una? ¿Ha establecido un interés mutuo? ¿Les unen las experiencias comunes? Si su conexión no es tan fuerte como pudiera, recuerde que su función es iniciarla. Programe tiempo durante la semana venidera para tomar café, comer juntos, o simplemente conversar con cada persona.

❏ **Conéctese a un nivel más profundo.** Si nunca ha invertido algún tiempo significativo con las principales personas en un contexto informal, programe tiempo para hacerlo durante el mes venidero. Planifique un retiro o una escapada de fin de semana, e incluya a sus cónyuges; o llévelos a un seminario o a una conferencia. Lo más importante es darse oportunidades para conectarse a un nivel más profundo y participar en experiencias comunes.

❏ **Comunique su visión.** Una vez que se conecte bien con su gente, exprese sus esperanzas y sueños. Déle un vistazo a su futuro común, e invítelos a unírsele en el viaje.

CAPÍTULO 9

Una persona influyente . . .

IMPULSA Y FACULTA
A LAS PERSONAS

MULTIPLICACIÓN

MENTOR —*Impulsa y faculta*

MOTIVACIÓN

MODELO

Gran parte del negocio de Jim incluye reunirse con mucha frecuencia con algunos de sus principales líderes, y como vienen de todas partes del país y del mundo, se ocupa de programar las reuniones en varios lugares. Un lugar favorito de Nancy y él, a través de los años, es Deer Valley, cerca de Salt Lake City, Utah. Recientemente, estando allí con algunos de sus líderes, sucedió algo interesante. Jim le contará:

Deer Valley realmente es un ambiente hermoso. En el invierno es buenísimo para esquiar, y en el verano tiene montañas maravillosas cubiertas de bosques y veredas llenas de flores silvestres. Realmente disfrutamos descansando allí y usando el lugar para reunirnos con algunos de nuestros allegados.

Este año pasado pasamos un tiempo con un grupo de unas diez parejas en varios apartamentos en Deer Valley, justo en las pistas de esquiar. La pasamos muy bien.

Cuando estábamos listos para salir, empacamos nuestras cosas y pasamos por la oficina administrativa para pagar, camino al aeropuerto. Pero mientras tratábamos de arreglar nuestra cuenta, descubrimos que a una pareja del grupo se les quedó la llave de su cuarto en su condominio.

—Tendré que cobrarle veinticinco dólares por la llave extraviada —dijo el dependiente.

Reconozco que me sorprendí un poco. Éramos sus clientes desde hacía ocho años y habíamos invertido miles de dólares la semana anterior.

—Mire —le dije—, entiendo que tengan una regla respecto a las llaves perdidas, pero esa está en su cuarto. Si volvemos a recogerla, perderemos nuestro vuelo. ¿Acaso no puede omitir el recargo?

—No —dijo—, la regla es que tengo que añadir el gasto a su cuenta.

Pese a recordarle nuestra historia con su compañía y decirle que no me sentía bien respecto al recargo, no cedía. En realidad, era muy inflexible, y me irrité verdaderamente. Mientras esperaba allí, calculé cuánto dinero gastamos allí durante los años, ¡y observé que nuestra relación de cien mil dólares con su compañía peligraba por una llave de veinticinco!

Al fin partimos y pagamos la cuenta. De camino al aeropuerto, Nancy y yo hablamos del incidente, y pensé que realmente no era culpa del empleado. El problema era el dueño que no lo entrenó apropiadamente.

—Ese tipo de cosa me enloquece —dijo ella—. Algunas personas simplemente no entienden. ¿Sabes quiénes son justamente lo opuesto a eso? —preguntó—. Nordstrom. Son increíbles. No te conté lo que me sucedió la otra noche antes de salir para Deer Valley. Fui a Nordstrom para comprarle un par de pijamas a Eric. Recogí unas que sabía que le gustarían, pero le dije a la vendedora que necesitaba que le arreglaran el ruedo a los pantalones ya que saldríamos de viaje temprano a la mañana siguiente. Ni siquiera parpadeó, me ofreció hacerlos esa noche y llevarlos a casa. ¡Y eso fue lo único que compramos! —añadió Nancy.

—No es asunto de que gastáramos mucho dinero. Simplemente hizo eso por un par de pijamas.

Los relatos del excelente servicio en las tiendas por departamentos Nordstrom se hicieron legendarios. Cualquiera que compra allí puede testificarlo. Sus empleados son excepcionales porque la compañía se basa en el principio de *impulsar y facultar*. Esa filosofía de facultar a los empleados se resume en la siguiente declaración que cada empleado recibe al empezar a trabajar allí:

Bienvenidos a Nordstrom
Nos alegra tenerlo en nuestra compañía.
Nuestra meta principal es proveer excelente
servicio al consumidor.
Propóngase altas metas personales y profesionales.
Tenemos gran confianza en su habilidad para alcanzarlas.
Reglas de Nordstrom:
Regla #1: Use su buen juicio en todas las situaciones.

No habrá otra regla.

Por favor preguntarle con toda libertad a su supervisor departamental, al gerente de la tienda, o al supervisor de la división general, cualquier cosa en cualquier momento.[1]

Las tiendas Nordstrom destacan a las personas, no a las reglas. Creen en su gente, la animan para que alcancen la excelencia, y la liberan para que la ejecuten. Como dijera Tom Peters: «Las técnicas no producen productos de calidad ni recogen la basura a tiempo; las personas son quienes lo hacen, individuos que se interesan, que se les trata como adultos que contribuyen con creatividad». Los administradores y el personal de aquella empresa en Deer Valley se beneficiarían mucho si aprendieran esta lección.

LO QUE SIGNIFICA
IMPULSAR Y FACULTAR A OTROS

Un artista inglés llamado William Wolcott fue a Nueva York en 1924 para registrar sus impresiones sobre esa fascinante ciudad. Una mañana andaba de visita en la oficina de un antiguo colega cuando la urgencia de escribir le sobrevino. Al ver papel sobre el escritorio de su amigo, le preguntó:

—¿Podrías dármelo?

> *El acto de impulsar y facultar a otros cambia vidas, y es una situación en la que ni usted ni las personas que faculta perderán.*

Su amigo le respondió:

—No es papel para dibujar. Es papel común y corriente para envolver.

Sin querer perder ese destello de inspiración, Wolcott agarró el papel de envolver, y dijo:

—Nada es ordinario si se sabe cómo usarlo.

En ese papel ordinario Wolcott trazó dos dibujos. Ese mismo año, uno de ellos se vendió por quinientos dólares y el otro por mil, una suma bastante importante en 1924.

Aquéllos bajo la influencia de una persona que faculta son como el papel en las manos de un artista talentoso. No importa de qué estén hechos, pueden convertirse en tesoros.

La habilidad de impulsar y facultar a los demás es una de las claves para el éxito personal y profesional. John Craig señaló: «No importa cuánto trabajo pueda hacer, ni cuán atractiva sea su personalidad, no podrá llegar muy lejos en los negocios si no puede trabajar con otros». El ejecutivo J. Paul Getty declaró: «No importa cuánta experiencia o conocimiento posea un ejecutivo; si no puede alcanzar resultados con las personas, carece de valor».

Cuando uno faculta a las personas,
no influye solamente en ellas; impacta a todos
aquellos en quienes ellos influyen.

Cuando uno se convierte en alguien que impulsa y faculta, hace más que trabajar con y a través de las personas. Les capacita para alcanzar los niveles superiores en su desarrollo personal y profesional. En términos sencillos, facultar es darles su influencia con el fin de que crezcan de modo personal y organizativo. Es compartir parte de sí mismo, su influencia, posición, poder, y oportunidades, con los demás con el propósito de invertir en sus vidas para que puedan operar a capacidad total. Es ver el potencial de la gente, compartirle sus recursos, y mostrarle que cree completamente en ella.

Es posible que ya esté facultando a algunos sin saberlo. Cuando uno le confía a su cónyuge una decisión importante y le apoya con alegría, eso es facultarle. Cuando uno decide que su hija está lista para cruzar la calle sola y le da el permiso para hacerlo, la faculta. Cuando le delega un trabajo desafiante a una empleada y le da la oportunidad que necesita para hacerlo, la faculta.

El acto de facultar a otros cambia vidas, y para usted y aquellos que faculta, es una situación ideal. Dar a otros su autoridad no es como regalar un objeto, su auto, por ejemplo. Si lo regala, se queda varado. Ya no tiene transporte. Pero facultar a los demás dándoles autoridad tiene el mismo efecto que compartir información: No pierde nada. Aumenta la habilidad de los demás sin reducir la suya.

CUALIDADES DE ALGUIEN QUE FACULTA

Casi todo el mundo tiene potencial para convertirse en un individuo que faculta, pero usted no puede facultarlos a todos. El proceso sólo trabaja cuando se satisfacen ciertas condiciones. Debe tener:

Posición

No puede facultar a quienes no dirige. El experto en liderazgo Fred Smith explicó: «¿Quién puede dar permiso para que otra persona tenga éxito? Alguien con autoridad. Muchos pueden animar, pero el permiso solamente viene de una figura de autoridad: un padre, un jefe, o un pastor».

Puede animar y motivar a todo el que conozca. Puede desarrollar o ayudar a guiar a cualquiera con quien haya tenido una relación de mentor. Pero para *facultar* a las personas, tiene que estar en una posición de *poder* sobre ellas. Algunas veces esa posición no tiene que ser formal u oficial. Por ejemplo, si un día fuéramos a un restaurante a almorzar con usted, y nos desagradara el tiempo que requiere obtener nuestra comida, jamás podríamos facultarlo para que vaya a la cocina a prepararnos la comida. No tenemos esa autoridad, así que ciertamente no podemos dársela. El primer requisito al facultar es tener una posición de autoridad sobre aquellos a los que desea otorgarles el poder.

Relación

El segundo requisito para darles autoridad a las personas es estar relacionado con ellas. El escritor del siglo diecinueve Thomas Carlyle dijo: «Un gran hombre comunica su grandeza por la manera que trata a los hombres pequeños». Aunque aquellos a quienes faculte no sean «pequeños», pueden llegar a sentirse así de no valorar su relación con ellos.

Se dice que las relaciones se forjan, no se forman. Requieren tiempo y experiencia común. Si se esfuerza por conectarse con la gente, como hablamos en los capítulos anteriores, cuando esté listo para facultarla, su relación será lo suficientemente firme como para que pueda dirigirla. Mientras lo haga, recuerde lo que escribió Ralph Waldo Emerson: «Cada hombre [o mujer] tiene el derecho a ser valorado por sus mejores momentos». Cuando uno valora a los individuos y sus relaciones con ellos, prepara el fundamento para darles autoridad a los demás.

Respeto

Las relaciones hacen que las personas deseen estar con usted, pero el respeto hace que quieran que les faculte. El respeto mutuo es esencial para este proceso. El psiquiatra Ari Kiev lo resumió así: «Si desea que otros lo respeten, debe respetarlos... Todos quieren sentir que cuentan para algo y que son importantes para alguien. Invariablemente, ellos darán su amor, respeto, y atención a quien satisfaga esa necesidad. La consideración casi siempre refleja fe en sí mismo y en los demás». Cuando uno cree en la gente, se ocupa de ella, confía en ella; y ella lo sabe. Ese respeto la inspira a desear seguirle a dónde usted lo indique.

Compromiso

La última cualidad que necesita un líder para convertirse en alguien que faculta es el compromiso. El ejecutivo de la aerolínea USAir, Ed McElroy, enfatizó que «el compromiso nos da nuevo poder. No importa qué nos sobrevenga: enfermedad, pobreza, o desastre;

jamás apartamos nuestro ojo de la meta». El proceso de facultar a otros no siempre es fácil, sobre todo cuando comienza la primera vez. Es un camino que tiene muchos desvíos y huecos, pero vale la pena andar por él ya que las recompensas son enormes. Como declarara Edward Deci de la Universidad de Rochester: «Las personas deben creer que una tarea es inherentemente digna si van a comprometerse con ella». Si necesita un recordatorio del valor de facultar a los demás, recuerde esto: Cuando uno faculta a las personas, no influye solamente en ellas; impacta a todos aquellos en quienes ellas influyen. ¡Ese es el impacto!»

Si tiene autoridad en sus vidas, si edificó relaciones con ellos, si los respeta, y se comprometió al proceso de facultarles, está en *posición* de hacerlo. No obstante, hace falta ubicar otro elemento crucial: la actitud correcta.

Muchos no facultan porque están inseguros. Temen que aquellos a quienes lideran los hagan perder sus trabajos. No quieren ser reemplazados o desplazados, aunque implique que podrían avanzar a una posición más alta y dejar la que tienen para que la llene el individuo al que lideran. Le temen al cambio, pero este es parte del proceso, para las personas a quienes faculta y para sí mismo. Si desea avanzar, tiene que estar dispuesto a abandonar algunas cosas.

De no estar seguro de su posición en términos de su actitud hacia los cambios que involucra facultar a los demás, responda a estas cuestiones:

PREGUNTAS ANTES DE COMENZAR

1. ¿Creo en las personas y siento que son el recurso más valioso de mi organización?
2. ¿Creo que al facultar a otros se puede alcanzar más que con los logros individuales?
3. ¿Busco activamente líderes potenciales para facultarlos?

4. ¿Estaría dispuesto a levantar a otros a un nivel de liderazgo superior que el mío?
5. ¿Estaría dispuesto a invertir tiempo desarrollando personas que tengan potencial para el liderazgo?
6. ¿Estaría dispuesto a permitir que otros obtengan crédito por lo que les enseñé?
7. ¿Les permito a otros la libertad de personalidad y proceso, o tengo que controlar las cosas?
8. ¿Estaría dispuesto a darles públicamente mi autoridad e influencia a los líderes potenciales?
9. ¿Estaría dispuesto a dejar que otros me saquen de un trabajo?
10. ¿Estaría dispuesto a entregar el bastón del liderazgo a la persona que faculto y apoyarla verdaderamente?

Si responde negativamente a más de dos o tres de estas preguntas, tal vez debe ajustar su actitud. Necesita creer lo suficiente en los demás como para darles todo lo que pueda, y en sí mismo como para saber que eso no lo dañará. Simplemente recuerde que siempre y cuando continúe creciendo y desarrollándose, tendrá algo que dar, y no le preocupará que lo desplacen.

Cómo facultar a otros hasta alcanzar su potencial

Una vez que tenga confianza en sí mismo y en las personas que desea facultar, estará listo para comenzar el proceso. Su meta debería ser entregar tareas relativamente pequeñas y sencillas al principio y aumentar en forma progresiva sus responsabilidades y autoridad. Mientras más novatos sean aquellos con los que trabaja, más tiempo tomará el proceso. Pero no importa si son aprendices o veteranos, aun así es importante llevarlos a través de todo el proceso. Use los siguientes pasos para guiarse mientras faculta a otros:

1.   Evalúelos

El punto de partida para facultar a las personas es evaluarlas. Si les otorga demasiada autoridad a los inexpertos en poco tiempo, puede prepararlos para el fracaso. Si se mueve muy lentamente con los que tienen mucha experiencia, puede frustrarlos y desmoralizarlos.

A veces, cuando los líderes malinterpretan la capacidad de los demás, los resultados pueden ser divertidos. Por ejemplo, leamos un incidente de la vida de Albert Einstein que ilustra este punto. En 1898, Einstein solicitó ingresar al Instituto Técnico de Munich y fue rechazado porque «nunca llegaría a mucho». Por eso, en lugar de ir a la escuela, trabajó como inspector en la Oficina Suiza de Patentes en Berna. Con el tiempo que le quedaba, trabajó refinando y escribiendo su teoría de la relatividad.

Recuerde que todas las personas tienen potencial para triunfar. Su trabajo es ver el potencial, averiguar qué es lo que les falta para desarrollarlo, y prepararlos con lo que necesiten. Mientras evalúa a los que procura facultar, observe estas áreas:

- **Conocimiento.** Piense en lo que deben saber las personas para que puedan realizar cualquier tarea que usted desea que hagan. No suponga que saben todo lo que usted conoce. Pregúnteles cosas. Déles historia o información anterior. Ofrézcales una visión del panorama y cómo sus acciones encajan en la misión y las metas de la organización. El conocimiento no sólo da poder; faculta.

- **Destreza.** Examine el nivel de destreza de quienes desea fortalecer. Nada los frustra más que les pida hacer cosas para las cuales no tienen habilidad. Observe lo que hicieron antes así como lo que hacen ahora. Algunas destrezas son inherentes, otras hay que aprenderlas mediante el entrenamiento o la experiencia. Su trabajo al facultar es averiguar lo que requiere el trabajo y asegurarse de que su gente tiene lo que necesita para alcanzar el éxito.

- **Deseo.** El filósofo griego Plutarco señaló: «El suelo más rico, si

no es cultivado, produce las peores yerbas». Ninguna cantidad
de destreza, conocimiento, o potencial puede ayudar a las personas a alcanzar el éxito si no desean tenerlo. Pero cuando el deseo
está presente, dar la autoridad es sencillo. Como escribiera el
ensayista francés del siglo diecisiete Jean La Fontaine: «El hombre está hecho de tal forma que siempre que algo enciende su
alma, se desvanecen las imposibilidades».

2. Sea un modelo

Aun aquellos con conocimiento, destreza, y deseo necesitan saber
qué se espera de ellos, y la mejor manera de informarles es mostrán-
doselos. La gente hace lo que ve. Una breve parábola acerca de un
muchacho agricultor que vivía en una región montañosa de Colorado
ilustra este punto. Un día, el chico subió a un lugar elevado y encontró el nido de un águila con huevos. Agarró uno de ellos mientras el
águila estaba ausente, lo llevó a la finca, y lo puso bajo una gallina que
empollaba los suyos.

Los huevos se abrieron uno a uno, y cuando el pichón de águila
salió de su cascarón, no tuvo razón alguna para creer que fuera otra
cosa que un pollo. Así que hizo todo lo que los otros pollitos hacían
en la finca. Raspaba el patio buscando granos, intentaba cacarear,
mantenía sus pies firmemente plantados en el suelo, aunque la cerca
alrededor del gallinero tenía sólo pocos metros de altura.

Eso continuó hasta que creció mucho más que sus familiares y
su gallina madre adoptiva. Un día, un águila volaba sobre el patio de
las gallinas. El joven águila escuchó su graznido y lo vio bajar sobre
un conejo en el campo. En aquel momento, el joven águila se percató
de que no era como las gallinas del patio. Abrió sus alas, e inmediatamente, voló tras el otro águila. No fue hasta ver a uno de su clase
volando que supo quién era o de lo que era capaz.

Las personas a las que desea facultar tienen que percibir cómo se
vuela. Como su mentor, usted tiene la mejor oportunidad de mos-
trárselos. Sea un modelo de la actitud y la ética laboral que desea que
adopten. Y siempre que los incluya en su trabajo, lléveselos consigo.

No hay mejor manera de ayudarlos a aprender y a entender lo que quiere que hagan.

3.   Permítales alcanzar el éxito

Como líder y persona influyente, puede creer que todo el mundo desea tener éxito y que se esfuerzan por ello de manera automática, tal vez como lo hizo usted. Pero no todos en quienes influya pensarán igual que usted. Tiene que ayudarles a creer que pueden alcanzar el éxito y mostrarles que quiere que lo logren. ¿Cómo puede hacerlo?

- **Espérelo.** Danny Cox, autor y conferencista profesional aconseja: «Lo importante es recordar que si carece de ese entusiasmo inspirado que contagia, lo que tenga también se contagiará». Los individuos pueden sentir su actitud subyacente pese a lo que diga o haga. Si espera que su gente sea triunfadora, lo sabrá.
- **Exprésselo verbalmente.** A las personas les hace falta escuchar que cree en ellas y quiere que tengan éxito. Dígales frecuentemente que sabe que lo van a lograr. Envíeles notas alentadoras. Conviértase en un profeta positivo de su triunfo.
- **Refuércelo.** Jamás podrá hacer lo suficiente en cuanto a creer en la gente. El experto en liderazgo Fred Smith tiene el hábito de darle mucho refuerzo positivo. Dice: «A medida que reconozco el éxito, trato de ampliar los límites de los horizontes de los demás. Podría decir: "¡Eso es magnífico!", pero no paro ahí. Mañana podría regresar, repetir el halago, y decir: "El año pasado, ¿te habrías creído capaz de hacer eso?" Puedes sorprenderte de lo que serás capaz de alcanzar el año que viene».

Una vez que reconozcan y entiendan que verdaderamente desea verlos alcanzar el éxito y que está comprometido a ayudarlos, comenzarán a creer que pueden alcanzar lo que les dé para hacer.

4. Transfiérales autoridad

El verdadero meollo al facultar es la transferencia de su autoridad, e influencia, a las personas que dirige y desarrolla. Muchos están dispuestos a otorgar responsabilidad a los demás. Delegan las tareas gustosamente. Pero facultar a otros es algo más que compartir su carga de trabajo. Es compartir su poder y habilidad para realizar las cosas.

El experto en administración Peter Drucker declaró: «Ningún ejecutivo sufrió jamás porque sus subordinados fueran fuertes y eficientes». Las personas llegan a ser fuertes y eficientes solamente cuando se les ofrece la oportunidad de tomar decisiones, iniciar la acción, solucionar problemas, y enfrentar los retos. Cuando uno les faculta, los ayuda a desarrollar la habilidad de trabajar independientemente bajo su autoridad. W. Alton Jones opinó lo siguiente: «El hombre que tiene los resultados más satisfactorios no siempre es el que tiene la mente más brillante, sino el que puede coordinar mejor los cerebros y los talentos de sus socios».

A medida que comience a darle autoridad a su gente, rétele de forma tal que pueda superarse para enfrentar y conquistar. Les dará confianza y una oportunidad de probar su nueva autoridad y aprender a usarla con sabiduría. Y una vez que empiecen a ser eficientes, déles tareas más difíciles. Una buena regla es que si otra persona puede hacer un trabajo ochenta por ciento tan bien como usted, ¡delégueselo! A fin de cuentas, su meta es impulsarles y facultarles tan bien que puedan llegar a enfrentar casi cualquier reto que les sobrevenga. Con el tiempo, desarrollarán su propia influencia con los demás de modo que ya no necesitarán de la suya para ser eficientes.

5. Muestre públicamente su confianza en ellos

Al principio, cuando les transfiera autoridad a las personas que faculta, debe decirles que cree en ellas, y tiene que hacerlo públicamente. El reconocimiento público les muestra que cree en su éxito. Pero también hace que quienes trabajan con ellos sepan que tienen su apoyo y que su autoridad los respalda. Es una manera tangible de comunicar (y difundir) su influencia.

John es bastante talentoso en eso de impulsar y facultar a las personas y mostrarles públicamente su confianza, tiene un relato interesante acerca de uno de sus mayores éxitos en esa tarea:

Mencioné en el último capítulo que Dan Reiland trabaja conmigo desde hace quince años. Cuando comenzó, era un aprendiz, recién egresado de la escuela. Tenía mucho talento, pero aún era un poco rudo. Trabajé bastante con él, modelándolo, motivándolo y guiándolo, y en poco tiempo creció hasta llegar a ser un pastor de primera.

En sólo unos años, se convirtió en uno de mis jugadores clave. Cuando teníamos un programa nuevo que necesitaba ser creado e implementado, lo buscaba con frecuencia, lo facultaba para realizar la tarea, y le entregaba toda mi confianza y autoridad. Él se encargaba de aquello. Una vez tras otra, le daba un proyecto importante, y trabajaba durante el proceso, implementándolo, sacando líderes para dirigirlo; luego regresaba buscando otra tarea. Su labor efectiva lo dejaba constantemente sin trabajo.

En 1989, unos seis o siete años después de que Dan comenzara a trabajar conmigo, llegué a un punto en el que me percaté de que debía emplear un pastor ejecutivo, cierto tipo de oficial administrativo principal. Supe de inmediato que deseaba que Dan fungiera en la posición.

Ahora bien, sabía que cuando uno levanta un líder entre las propias filas, muchas veces hay resentimiento y resistencia por parte de otros colegas. Pero tuve una estrategia. Mientras comenzaba a transferirle autoridad a Dan, me esforcé en no perder la oportunidad de halagarlo en público, mostrar mi confianza en él, y recordarles a todos que él expresaba mi autoridad. Por eso, el resto del personal se le unió rápidamente, y fue facultado como su nuevo líder.

A medida que levanta líderes, muéstreles a ellos y a sus seguidores que tienen su confianza y autoridad. Se percatará de que son facultados rápidamente para alcanzar el éxito.

6. Proporcióneles retroalimentación

Aunque tiene que halagar públicamente a su gente, no puede dejar que continúe por mucho tiempo sin comentar, de forma sincera y positiva, su labor. Reúnase con ellos en privado para dirigirlos a través de sus errores, fallas, y malas interpretaciones. Al principio, a algunos se les podría dificultar. Durante ese período inicial, sea un dador de gracia. Trate de darles lo que les hace falta, no lo que se merecen, y aplauda cualquier progreso que realicen. Las personas hacen lo que recibe alabanza.

7. Libérelos para que continúen por su cuenta

No importa a quién trate de facultar: sus empleados, hijos, colegas, o cónyuge; su meta definitiva debe ser soltarlos para que tomen buenas decisiones y alcancen el éxito por su cuenta. Eso significa darles tanta libertad como sea posible tan pronto como estén listos para ella.

El presidente Abraham Lincoln era un maestro impulsando y facultando a sus líderes. Por ejemplo, cuando señaló al General Ulysses S. Grant como comandante de los ejércitos de la Unión en el 1864, le envió este mensaje: «No le pido ni deseo saber nada de sus planes. Asuma la responsabilidad y actúe, y pídame asistencia».

Esa es la actitud que uno requiere al facultar. Dé autoridad y responsabilidad, y ofrezca asistencia según haga falta. John y yo tenemos la dicha de haber sido facultados por personas claves en nuestras vidas desde que éramos niños. Es probable que el que más facultó a John haya sido su padre, Melvin Maxwell. Siempre lo animó para que fuera la mejor persona que pudiera, y le dio su permiso y su poder siempre que pudo. Años después al hablar de ello, Melvin le dijo a John su filosofía: «Jamás te limité conscientemente, siempre y cuando supiera que lo que hacías era moralmente correcto». Ahora bien, ¡esa es una actitud que faculta!

Resultados de facultar

Si dirige cualquier tipo de organización, un negocio, club, iglesia, o familia, aprender a facultar a los demás es una de las cosas más importantes que jamás hará como líder. Hacerlo ofrece ganancias increíbles. No sólo ayuda a los individuos logrando que lleguen a ser más confiados, enérgicos, y productivos, sino que también tiene la habilidad de mejorar su vida, darle libertad adicional, y promover el crecimiento y la salud de su organización.

Farzin Madjidi, oficial de un programa de la ciudad de Los Ángeles, expresa sus creencias en cuanto a facultar:

Nos hacen falta líderes que impulsen y faculten a las personas y puedan crear otros líderes. Ya no basta con que un administrador se asegure de que todo el mundo tenga algo que hacer y esté produciendo. Hoy, todos los empleados deben participar y adueñarse de todo lo que hacen. Para promover esto, es importante que todos tomen decisiones que los afecten más directamente. Así se toman las mejores decisiones. Esa es la esencia de facultar.

En resumidas cuentas, darle autoridad al liderazgo algunas veces es la única ventaja real que una organización tiene sobre otra en nuestra sociedad competitiva.

A medida que impulse y faculte a los demás, notará que mejorarán en la mayoría de los aspectos de su vida. Hacerlo puede liberarlo personalmente de modo que tenga más tiempo para sus cosas importantes, aumentará la efectividad de su organización, elevará su influencia en ellos y, lo mejor de todo, impactará sus vidas de una manera increíblemente positiva.

Hace poco Jim recibió una carta de alguien que ha pasado varios años motivando, guiando, y facultando. Su nombre es Mitch Sala; he aquí su carta:

Querido Jim:

Sé que estás en proceso de escribir un libro acerca de la influencia, y sentí la necesidad de comunicarme para expresar mi profundo respeto y amor por ti y Nancy, y contarte el profundo impacto que has hecho en mi vida.

Tu influencia comenzó antes de que siquiera nos conociéramos, al escuchar una de tus cintas por vez primera. Tu visión, actitud positiva, y dedicada fe fueron inspiradoras, y la habilidad de Nancy para ubicar la vida y sus obstáculos en su perspectiva propia me ayudó a ver mi mundo de una nueva manera.

A medida que te observaba, percibí una increíble profundidad de carácter en ti. Admiré eso y lo quise para mí. Me hizo desear llegar a conocerte mejor, para desarrollar nuestra relación. Realmente nunca tuve amistades íntimas anteriormente, así que eso era nuevo para mí. Verás, crecí en África, donde mi padre dirigía un enorme aserradero en el bosque. Mi hermano y mi hermana mayor estaban fuera, en la escuela, así que crecí casi sin otros niños a mi alrededor. Era casi huraño. Cuando tenía ocho años, me enviaron a una escuela tradicional [internado]. Fue bueno para mi educación, pero malo para mi propia imagen. Hizo que me sintiera como un fracasado.

Ya adulto, esos sentimientos me hicieron trabajar arduamente y tratar de probarme a mí mismo, pero aun así me sentía vacío sin importar lo que hiciera. Fracasaba en las cosas que más me importaban: ser un buen esposo y padre.

Sin embargo, llegaste a ser una influencia en mi vida en el momento correcto. Me entendiste y me hiciste sentir aceptado a pesar de mis errores y fracasos. Me ayudaste a crecer en mi vida familiar, financiera, y espiritual. Todo ha cambiado en mi vida.

La influencia positiva de Jim ayudó a Mitch Sala a cambiar su vida. Jim lo ha llevado a través de todo el proceso. Le ha ejemplarizado una vida íntegra. Lo guía y lo motiva. Lo faculta, y a través de los años, Mitch se ha convertido en un influyente de categoría mundial. Mediante sus empresas y conferencias públicas, Mitch toca la vida de cientos de miles de personas cada año en más de veinte países alrededor del mundo. Lo mejor de todo es que usa su influencia para levantar más líderes que ahora aprenden cómo impactar positivamente la vida de muchos más. Reproduce su influencia en ellos, lo cual es el tema del capítulo final de este libro.

Puntos para verificar la influencia
IMPULSE Y FACULTE
A LAS PERSONAS

❑ Déles a los demás más que sólo algo que hacer. Si dirige un negocio, un departamento, una familia, una iglesia, o cualquier otro
tipo de organización, quizás se esté preparando para entregarles
algunas responsabilidades a algunos. Antes de comenzar el proceso en forma oficial, planifique con cuidado su estrategia para
pasar el bastón usando la siguiente lista:

Describa la tarea: _____

Nombre la persona a quien se la dará:_____

¿Qué conocimiento requiere la tarea? _____

¿Tiene la persona el conocimiento requerido?   ❑ Sí   ❑ No

¿Qué destrezas requiere la tarea?   ❑ Sí   ❑ No

¿Posee la persona las destrezas necesarias?   ❑ Sí   ❑ No

¿Es usted un modelo de la manera en la que desea que se realice
el trabajo?   ❑ Sí   ❑ No

¿Le da a la persona la autoridad y el permiso para que alcancen el
éxito?   ❑ Sí   ❑ No

¿Le brinda su confianza a la persona en público?   ❑ Sí   ❑ No

¿Le da información a la persona en privado?   ❑ Sí   ❑ No

¿Estableció una fecha para soltar a la persona a que continúe por
su cuenta?   ❑ Sí   ❑ No

Repita este proceso con cada tarea que procure delegar hasta
que se convierta en algo natural. Aunque el individuo a quien
usted impulse y faculte tenga éxito y esté afirmado en sus labores,
continúe elogiándolo, animándolo, y mostrando su confianza en
público.

CAPÍTULO 10

Una persona influyente . . .

APOYA Y REPRODUCE OTROS INFLUYENTES

MULTIPLICACIÓN — *Apoya y reproduce*

MENTOR

MOTIVACIÓN

MODELO

Al comienzo de esta obra, relatamos acerca de las personas influyentes, específicamente aquellas que impactaron nuestras vidas; gente como Glenn Leatherwood, que fuera maestra de escuela dominical en el séptimo grado, y Jerry y Patty Beaumont, que ayudaron (los pusieron bajo sus alas) a Jim y a Nancy cuando Eric nació. Nuestras vidas han estado llenas de maravillosas personas influyentes. Pero el valor principal que nos añadieron es que no sólo influyeron en nosotros, sino que también nos convirtieron en personas influyentes. En el caso de John, su padre, Melvin Maxwell, lo moldeó más, ayudándolo a convertirse en un excelente líder. Y en el de Jim, ese lugar probablemente lo ocupe Rich DeVos:

> Crecí en una gran familia. Tuvimos mucho amor, aunque no había tanto dinero. Los puntos de vista políticos y económicos de mi padre eran bastantes liberales, y su consejo fue que fuera a la universidad y obtuviera un buen empleo. Pero cuando estaba en mis veinte años de edad, escuché por primera vez a Rich DeVos, y quedé embelesado. Me presentó todo un nuevo paradigma. Habló acerca de la libre empresa, la dignidad del individuo, los sueños, la libertad, y un «capitalismo compasivo». También habló de su fe en Dios, y animó a las personas a vivir con integridad y pasión. Jamás escuché una filosofía que fuera tan razonable como este sencillo mensaje de logros personales. Cambié para siempre.

Hoy, por supuesto, Rich DeVos es uno de los empresarios más influyentes del mundo. Es fundador y antiguo presidente de Amway, empresa comercializadora mundial; dueño del equipo de baloncesto Orlando Magic; presidente de Gospel Films [Películas Evangélicas], y de la Fundación DeVos; hombre muy solicitado para asesorar en materia de negocios a presidentes y otros líderes influyentes. Jim lo admira como líder y mentor, y a través de los años, ha llegado a ser su amigo.

Rich DeVos entiende lo valioso de levantar líderes, personas dispuestas a llegar a ser influyentes por derecho propio. En cierta medida, enseñarles a otros a convertirse en líderes es como entregar el «testigo» en una carrera de relevo. Si usted corre bien pero no puede pasarle el testigo al siguiente corredor, pierden la carrera. Pero si corre bien, recluta, entrena a otros corredores buenos, y aprende a entregar el testigo con facilidad, puede ganar. En lo que a la influencia se refiere, puede realizar ese proceso varias veces, y multiplicar su influencia de manera increíble.

EL PODER DE LA MULTIPLICACIÓN

En el trabajo con personas que hemos hecho ambos, hemos tenido que aprender a entregar el testigo. Jamás habríamos podido alcanzar el éxito de no hacerlo. Y ahora queremos dárselo. Si se ha movido con éxito a través del proceso de la influencia, ha aprendido cómo correr la carrera. Entendió cuán importante es que sea un modelo de integridad. Aprendió a motivar a las personas cuidándolas, teniendo fe en ellas, escuchándolas, y entendiéndolas. Comprendió que las personas realmente crecen sólo cuando usted las dirige. Hay que desarrollarlas, guiarlas a través de las dificultades de la vida, conectárseles, y facultarlas. Ahora mismo, corre la buena carrera. Y si ha dirigido a otros, ahora también los tendrá corriendo. Pero es tiempo de pasar el testigo, y si no se lo pone en las manos, se acaba la carrera. No tendrán razón alguna para seguir corriendo, y el impulso morirá con ellos.

Por eso es que la fase reproductiva, al convertirse en una persona de influencia, es tan significativa. Considere algunos de los beneficios de crear líderes en su organización que puedan no sólo seguirle sino también influir en otros y levantarlos:

- **Reproducir líderes levanta su influencia a un nuevo nivel.** Siempre que influya en individuos que no pueden ejercer influencia en otros, o carecen de ella, limita la suya. Cuando usted influye en líderes, indirectamente afectará a todas las personas en quienes ellos influyen. El efecto es multiplicador. (Esta idea se trata con mayor profundidad en el libro de John, *Desarrolle los líderes que están alrededor de usted*). Mientras mayor sea su influencia, mayor será la cantidad de personas que pueda ayudar.

- **Reproducir líderes aumenta el potencial personal de los nuevos dirigentes.** Siempre que ayude a otros a convertirse en mejores líderes, aumentará el límite de su potencial. El liderazgo es el tope de la habilidad de la persona para ejecutar e influir. Un individuo actuando en forma independiente, sin practicar el liderazgo, puede llegar sólo hasta cierto punto, en lo personal y lo profesional. Pero tan pronto entiendan el liderazgo y comiencen a practicar sus principios, le quitarán el tope al potencial personal. Y si dirigen a personas que lideran a otras, el potencial de lo que pueden alcanzar es casi infinito.

- **Reproducir líderes multiplica los recursos.** A medida que desarrolle líderes, hallará que sus recursos aumentan de valor. Tendrá más tiempo porque puede compartir la carga y delegar más a menudo la autoridad. A medida que los integrantes de su equipo aprendan a liderar, llegarán a ser más sabios y más valiosos como consejeros, y el ingrediente adicional es que recibe la lealtad personal de casi todos los que levante.

- **Reproducir líderes asegura un futuro positivo para su organización.** G. Alan Bernard, presidente de Mid Park, Inc., colocó el asunto de levantar líderes en perspectiva: «Un buen líder siempre tendrá a su alrededor a los que lo superan en tareas particulares. Esa es la señal del liderazgo. Jamás tema emplear o administrar a personas que lo superen en ciertas labores. Ellos sólo pueden fortalecer su organización». Cuando desarrolla líderes, eso no fortalece únicamente a la organización, sino que le provee un futuro fuerte. Si solamente un par de personas en la organización pueden dirigirla, no podrá florecer cuando se jubilen o algo les suceda. Es posible que ni siquiera pueda sobrevivir.

John tuvo la oportunidad, en 1995, de ver exactamente cómo reacciona una organización cuando su líder se marcha tras haber capacitado y facultado a muchos líderes firmes en ella. Después de catorce años de dirección y reproducción de líderes en la iglesia Skyline, John renunció como pastor principal. Así lo sintió para poder dedicarse a tiempo completo a INJOY, su organización que ofrece seminarios y materiales para el crecimiento en el liderazgo y el desarrollo personal. Y, ¿qué resultó de su movida? A Skyline le va muy bien. En verdad, más o menos un año después de que John se marchara, recibió una nota de Jayne Hansen, una empleada de INJOY cuyo esposo, Brad, integraba el personal de Skyline.

Querido John:

Estaba pensando en Skyline, y en la manera en que se supera desde que te marchaste... Es un absoluto TRIBUTO al tipo de liderazgo y ministerio laico que desarrollaste. Tenemos un ejemplo vivo del dicho «practica lo que predicas» desarrollándose a medida que vemos el fruto de tu labor. Puedo decirle a alguien, sin lugar a dudas, que los principios que enseñas resultan. Creo que no hay mayor honor que un hombre entregue toda su vida a algo, se marche, ¡y lo deje floreciendo! Es lamentable que un ministerio muera en la viña cuando un hombre se va.

Gracias por derramar tu vida en nosotros.

Tu amiga,
Jayne

Guiar a las personas y desarrollar su potencial para el liderazgo realmente puede cambiar mucho las cosas, en su organización, en sus personas, y en usted.

Despierte el reproductor que tiene dentro

Todo el mundo tiene el potencial de multiplicar la influencia desarrollando y reproduciendo líderes. Para despertar al reproductor que tiene por dentro, incorpore los siguientes principios a su vida:

Lidérese bien

Dirigir a otros comienza liderándose bien usted mismo. No puede reproducir lo que no tiene. Como dijo Truett Cathy, empresario y fundador de la cadena Chick-Fil-A: «La principal razón del fracaso de los líderes es su incapacidad de dirigirse a sí mismos».

Cuando pensamos en el liderazgo propio, vienen a mi mente varias cualidades: integridad, prioridades correctas, visión, autodisciplina, habilidad para solucionar problemas, una actitud positiva, y cosas por el estilo. El deseo y un plan de acción para el desarrollo personal pueden ayudarlo a cultivar estas cualidades, pero el principal obstáculo para convertirse en líder podría ser usted mismo. El sicólogo Sheldon Kopp dijo respecto a eso: «Todas las batallas significativas se luchan dentro de uno mismo».

Si no se ha unido a un programa para crecimiento y desarrollo del liderazgo, comience hoy. Escuche casetes, asista a conferencias, lea libros esclarecedores. (El libro de John, *Desarrolle el líder que está en usted,* es una excelente cartilla para el desarrollo del liderazgo.)

Si logra que su crecimiento personal sea una meta semanal y una disciplina diaria, podrá convertirse en reproductor de líderes. H. P. Liddon, teólogo del siglo diecinueve, percibió con claridad esta conexión al declarar: «Lo que hagamos en alguna gran ocasión probablemente dependerá de lo que ya somos; y lo que somos será resultado de años previos de autodisciplina». El desarrollo personal paga dividendos.

Busque continuamente líderes en potencia

Lou Holtz, antiguo entrenador principal de fútbol americano en Notre Dame, comentó respecto a un tema que conocía bien: «Se requieren buenos atletas para ganar, no importa quién sea el entrenador». Lo mismo es válido con su vida personal y profesional. Necesita buenas personas con potencial de liderazgo si va a reproducir líderes. El industrial Andrew Carnegie enfatizó que «ningún hombre se convierte en un gran líder si quiere hacerlo todo u obtener el crédito por ello». Los que desarrollan efectivamente a las personas siempre andan buscando líderes en potencia.

Se ha dicho que «cuando el estudiante está listo, el maestro aparece», pero también es cierto que cuando el maestro está listo, el estudiante aparece. Si continúa desarrollándose como líder, pronto estará listo para desarrollar a otros, y si desea ser un gran reproductor de líderes, necesita buscar y reclutar a las mejores personas posibles.

Ponga al equipo primero

Los que se distinguen desarrollando líderes piensan en el bienestar del equipo antes que en el de ellos mismos. J. Carla Northcutt, quien cada mes recibe los casetes del Injoy Life Club de John, declaró: «La meta de muchos líderes es hacer que las personas piensen bien de ellos. La meta de un gran líder es ayudar a las personas a pensar mejor acerca de ellas mismas».

Bill Russell fue un jugador de básquetbol dotado. Muchos lo consideran uno de los mejores en la historia del baloncesto profesional. Russell observó: «La medida más importante de cuán bien jugaba un partido era cuánto mejoraba el juego de mis compañeros». Esa es la actitud necesaria para convertirse en un gran reproductor de líderes, el equipo tiene que ser primero.

¿Se considera un colaborador del equipo? Responda a cada una de las siguientes preguntas para ver cuál es su posición en cuanto a la promoción del bienestar del equipo:

SIETE PREGUNTAS PARA UNA ORIENTACIÓN EXITOSA HACIA EL EQUIPO

1. ¿Añado valor a los demás?
2. ¿Añado valor a la organización?
3. ¿Estoy dispuesto a conceder el crédito cuando las cosas salen bien?
4. ¿Añade nuestro equipo nuevos miembros de manera coherente?

5. ¿Uso mis jugadores del «banco» (las reservas) tanto como puedo?

6. ¿Toman muchas personas, en el equipo, decisiones importantes y coherentes?

7. ¿Es el énfasis de nuestro equipo crear victorias más que producir estrellas?

Si respondió negativamente a unas cuantas de estas preguntas, es posible que desee revaluar su actitud con el equipo. Se dice que: «El verdadero líder es aquel que está dispuesto a desarrollar personas al punto de que al fin y al cabo lo superen en conocimiento y habilidad». Esa debería ser su meta al multiplicar su influencia y desarrollar líderes.

Comprométase a desarrollar líderes, no seguidores

Creemos que nuestro país actualmente experimenta una crisis de liderazgo. No hace mucho, vimos un artículo en *New Republic* [La nueva república] que trataba este asunto. En parte decía: «Hace doscientos años, una pequeña república al borde de lo salvaje produjo de súbito personas como Jefferson, Hamilton, Madison, Adams, y otros; y la población sólo contaba con tres millones de personas. Hoy, tenemos más de doscientos millones. ¿Dónde están las grandes personas? Deberíamos tener sesenta Franklins en un reportaje de liderazgo. La búsqueda fue vana».

Ralph Nader, protector de los derechos al consumidor del Center for Responsive Law, declaró: «La función de un líder es producir más líderes, no más seguidores». Hace doscientos años, es posible que la gente entendiera eso mejor, pero hoy, producir líderes no tiene prioridad para muchas personas. Además, desarrollarlos no siempre es fácil ni sencillo, sobre todo para los que son líderes naturales. Como observara el experto en administración Peter Drucker: «Las personas que sobresalen en algo casi nunca pueden decirle cómo hacerlo».

Por eso es tan importante que aquel que desea levantar a otros líderes se comprometa con la tarea. Lo dijimos antes y lo repetiremos aquí: todo surge o se desploma por el liderazgo. Al levantar y facultar líderes, usted mismo se impacta positivamente, así como su organización, las personas que desarrolla, y toda la gente a quienes ellas tocan. Reproducir líderes es la tarea más importante de cualquier individuo influyente. Si desea impactar, tiene que comprometerse a desarrollar líderes.

DEL MANTENIMIENTO A LA MULTIPLICACIÓN

Muchas personas viven a nivel de mantenimiento. Su meta principal es no perder terreno más que intentar progresar. No obstante, ese es el nivel más bajo de vida en lo que se refiere al desarrollo de la gente. Si desea impactar, debe esforzarse por convertirse en un multiplicador. Vea las cinco etapas que hay entre el mantenimiento y la multiplicación, comenzando con la más baja:

1. Lucha

Cerca del veinte por ciento de todos los líderes viven al nivel más bajo en el proceso del desarrollo. No hacen nada por desarrollar personas en su organización, y por eso, su promedio de bajas es altísimo. Parecen incapaces de retener a ninguno de sus reclutas. Por eso decimos que están en la etapa de la lucha, se pasan todo el tiempo luchando buscando personas para reemplazar las que pierden. Es posible que conozca algunos dueños de negocios pequeños que parecen permanecer en ese nivel. La moral en su organización se queda baja, y no toma mucho tiempo para que se agoten exhaustos.

2. Supervivencia

La próxima etapa en la escalera del desarrollo es el estado o modo de supervivencia. En él, los líderes no hacen nada por desarrollar a su gente, pero se las arreglan para mantener la que tienen. La mitad de los líderes organizativos operan de esta manera. Sus organizaciones son comunes y corrientes, sus empleados están insatisfechos, y nadie desarrolla el potencial del personal. Nadie realmente se beneficia de este método de liderazgo. Todos sobreviven día a día, simplemente, sin mucha promesa o esperanza para el futuro.

3. Sifón

Cerca del diez por ciento de los líderes trabajan desarrollando a su gente en mejores dirigentes, pero desconocen cómo edificar sus relaciones con ellos. Por eso, sus líderes potenciales dejan la organización para buscar otras oportunidades. En otras palabras, los extraen de la organización. Eso muchas veces lleva al líder a la frustración porque otros se benefician de su esfuerzo, y deben dedicar mucho tiempo a buscar reemplazos.

4. Sinergia

Cuando los líderes construyen relaciones fuertes, desarrollan a las personas para que se conviertan en buenos dirigentes, los facultan para alcanzar su potencial, y pueden mantenerlos en la organización, ocurre algo maravilloso. A esto casi siempre se le llama sinergia, lo cual indica que el todo es mayor que la suma de sus partes porque estas se relacionan bien entre sí y crean energía, progreso, e impulso. Una organización al nivel de sinergia tiene gran moral y se siente muy satisfecha con su trabajo. Todo el mundo se beneficia. Sólo el diecinueve por ciento de los líderes, aproximadamente, alcanzan este nivel; pero quienes lo logran muchas veces se les considera como los mejores.

5. Trascendencia

Muchas personas que alcanzan el nivel de sinergia jamás intentan superarlo ya que no se percatan de que pueden avanzar otro paso en el proceso del desarrollo, hacia el nivel de la trascendencia. Los líderes a ese nivel desarrollan y reproducen dirigentes que se quedan en la organización, trabajan para alcanzar su potencial, y a su vez desarrollan otros líderes. Ahí es donde la influencia realmente se multiplica. Sólo uno por ciento de los líderes, aproximadamente, llegan a este nivel; y quienes lo hacen pueden conectarse con un potencial de crecimiento e influencia casi ilimitado. Un puñado de líderes operando continuamente a nivel de trascendencia pueden impactar al mundo.

CÓMO LEVANTAR LÍDERES QUE REPRODUZCAN OTROS LÍDERES

En un artículo editado por *Harvard Business Review* [Revista de Negocios de Harvard], el autor, Joseph Bailey, examina lo que se necesita para ser un ejecutivo con éxito. Al realizar su investigación, entrevistó a más de treinta ejecutivos importantes; y halló que cada uno de ellos aprendió directamente de un mentor.[1] Si quiere criar líderes que reproduzcan a otros dirigentes, necesita guiarlos convirtiéndose en su mentor.

Dicen que en las salas de emergencia hospitalarias, las enfermeras, tienen un dicho: «Observa una, haz una, enseña una». Se refiere a la necesidad de aprender una técnica rápidamente, involucrarse en ella probándola con un paciente, y luego voltearse y enseñársela a otra enfermera. El proceso de convertirse en mentor para desarrollar líderes opera de la misma manera. Ocurre cuando uno funge como mentor de líderes potenciales, los desarrolla, los faculta, les comunica cómo llegar a ser personas influyentes, y los suelta para que salgan y críen a otros líderes. Cada vez que haga eso, plantará las semillas para mayores éxitos. Y como aconsejara el novelista Robert Louis Stevenson: «No juzgue cada día por lo que cosecha sino por las semillas que plante».

Ahora sabe lo que necesita para convertirse en alguien influyente, para impactar positivamente la vida de otros. Ser alguien con influencia significa...

- ser un modelo de *integridad* con todos los que se encuentre
- *no dejar de cuidar* a las personas cercanas a usted para que se sientan valoradas

- mostrar *fe* en otros para que crean en sí mismos
- *lograr escucharlos* para que pueda edificar su relación con ellos
- ser *un entendedor* para poder ayudarlos a alcanzar sus sueños
- *elegir desarrollarlos* para que puedan aumentar su potencial
- *naturalmente guiarlos* a través de las dificultades de la vida hasta que puedan hacerlo por su cuenta
- *conectarse* con ellos para poder moverlos a un nivel superior.
- *impulsarlos y facultarlos* para que se conviertan en la persona para lo cual fueron creados.
- *apoyar y reproducir* otros líderes para que su influencia continúe creciendo a través de los demás.

A través de los años, Jim y yo nos esforzamos mucho para que este proceso se convirtiera en algo más que un mero grupo de principios o un método de trabajo. Procuramos que invertir en la vida de otros se convierta en una manera de vivir. Y a medida que pasa el tiempo, continuamos laborando para llegar a ser mejores desarrollando a las personas. Nuestra recompensa es ver el impacto que realizamos en sus vidas. Considere este relato de Jim:

Una de las cosas más grandes en cuanto a convertirse en una persona influyente es que usted realmente llega a ver la vida de otros cambiar ante sus ojos. Le conté en el capítulo anterior sobre Mitch Sala, a quien vi florecer en un individuo impactante. Pero lo que no le dije fue que Mitch se ha convertido en algo más que una persona influyente. Pasó por todo el proceso y ahora también es un gran *reproductor* de personas influyentes.

Uno de sus grandes relatos de éxito consiste en un hombre llamado Robert Angkasa. Robert es de Indonesia, tiene una maestría en administración de empresas de la Universidad de Sydney, y trabajaba para Citibank, donde llegó a ser vicepresidente en Jakarta cuando tenía treinta años de edad.

Robert siempre trabajó duro. Se costeó los estudios manejando un taxi, trabajando en cocinas de restaurantes, y limpiando estadios después de los conciertos. Hace unos años, conoció a Mitch

Sala. Este comenzó a guiar a Robert, motivándolo, dirigiéndolo, y facultándolo para llegar a ser una persona influyente.

Robert afirma: «El momento decisivo en mi vida llegó cuando conocí a Mitch. Al principio, lo único que vi fue que era una persona bondadosa. Mientras más tiempo pasé con él, más me percaté de que quería ser como él, sin dejar de ser yo mismo. Mitch me enseñó que el camino al éxito era mediante la integridad y la labor ardua. Hoy disfruto de la dulzura de una nueva vida. Disfruto de la seguridad financiera que viene del trabajo duro, pero más que eso, me estoy convirtiendo en una persona mejor. El placer que obtengo de ayudar a otros es enorme, y me provee mucha satisfacción. Soy un mejor esposo, y hombre de familia, así como una persona mejor. Debo mucho de lo que soy a Mitch. Es un mentor, un amigo, y un padre. Le agradezco a Dios todos los días por todas las bendiciones que he recibido a través de Mitch. Y lo que trato de hacer ahora es ser para otros lo que él es para mí. Quiero ayudarlos a tener una vida mejor. Las palabras *muchas gracias* no parecen suficientes, pero son las mejores que puedo encontrar».

Hoy Robert impacta la vida de miles de personas a través de Indonesia, Malasia, China, y Filipinas. Es uno de varios líderes importantes de negocios que Mitch asesora, y la influencia de Robert continúa aumentando a diario.

Amigo, usted tiene el mismo potencial que Robert Angkasa, Mitch Sala, o Jim Dornan. Puede convertirse en una persona influyente e impactar la vida de muchos otros. La decisión es suya. Puede desarrollar su potencial de influencia o dejar que permanezca sin realizarse. Jim le dio el testigo a Mitch. Mitch encontró a Robert y lo enseñó a correr. Tuvo éxito al entregarle el testigo a Robert, y ahora está corriendo. Hay otra sección, y el testigo está listo. Ahora es su oportunidad. Estire la mano, tome el testigo, y termine la carrera que sólo usted puede correr. Conviértase en una persona influyente, y cambie su mundo.

APOYE Y REPRODUZCA PERSONAS INFLUYENTES

❑ **Desarrolle su potencial de liderazgo.** La manera de prepararse para enseñarles a otros el liderazgo es continuar desarrollando el potencial del suyo. Si no lo ha desarrollado, matricúlese ya en un plan personal para el crecimiento, comience hoy. Seleccione casetes, libros, y revistas y repáselos semanalmente durante los próximos tres meses. El crecimiento solamente llega si usted lo convierte en hábito.

❑ **Ubique personas con potencial para el liderazgo.** A medida que desarrolle y faculte continuamente a las personas que le rodean, surgirán algunos como líderes en potencia. Elija al que tenga el mayor potencial para que usted sea su mentor especial, y háblele acerca del desarrollo de destrezas de liderazgo superiores. Proceda solamente si la persona desea desarrollarse y si concuerda en ser un futuro mentor para otros en cuanto al liderazgo.

❑ **Enséñele a la persona a ser un líder, no simplemente a realizar tareas.** Déle acceso total a la persona, e invierta mucho tiempo siendo un modelo de liderazgo. Dedíquele tiempo semanalmente para aumentar su potencial de liderazgo enseñándole, mostrándole recursos, enviándolo a seminarios, y cosas por el estilo. Haga todo lo que pueda para ayudarle a alcanzar su potencial de liderazgo.

❑ **Multiplique.** Cuando la persona se convierta en un buen líder, ayúdele a seleccionar a alguien para que sea mentor en el área de liderazgo. Suéltelos para que trabajen, y busque un nuevo líder en potencia para repetir el proceso.

Notas

Introducción

1. John C. Maxwell, *Desarrolle el líder que está en usted* (Nashville: Grupo, 1996), pp. 18–26.
2. Brad Herzog, *The Sports 100: The One Hundred Most Important People in American Sports History* (Nueva York: MacMillan, 1995), p. 7.

Capítulo 1

1. Stephen R. Covey, *Los 7 hábitos de la gente altamente efectiva* (Barcelona: Paidós Ibérica, 1996).
2. Proverbios 22.1.
3. Donald T. Phillips, *Lincoln on Leadership: Executive Strategies for Tough Times* (Nueva York: Warner Books, 1992), pp. 66-67.
4. Bill Kynes, "A Hope that Will not Disappoint", citado en *Best Sermons II* (Nueva York: Harper and Row, 1989), p. 301.

Capítulo 2

1. Everett Shostrom, *Man the Manipulator* (Nueva York: Bantam, 1968).
2. *Bits and Pieces*.
3. Jack Canfield y Mark Victor Hansen, "All the Good Things", en *Chicken Soup for the Soul* (Deerfield Beach, FL: Health Communications, 1993), pp. 126-128 [*Sopa de pollo para el alma* (HCI Español, 1995)].
4. Arthur Gordon, "The Gift of Caring", en *A Touch of Wonder* (Nueva York: Jove, 1986).
5. Greg Asimakoupoulos, "Icons Every Pastor Needs", *Leadership*, otoño 1993, p. 109.
6. Dennis y Barbara Rainey, *Building Your Mate's Self-Esteem* (Nashville: Thomas Nelson, 1993) [*Reconstruyendo la autoestima de tu pareja* (Barcelona: Clie, 2004)].

Capítulo 3

1. 1 Samuel 17.32-37.

Capítulo 4

1. Citado por Fred Barnes en *New Republic*.
2. David Grimes, *Herald-Tribune*, Sarasota, Florida.
3. Brian Adams, *Sales Cybernetics* (Wilshire Book Company, 1985), p. 110.
4. Eric Allenbaugh, *Wake-up Calls* (Austin, TX: Discovery Publications, 1992), p. 200.

Capítulo 5
1. M. Michael Markowich, *Management Review*, citado en *Behavioral Sciences Newsletter*.
2. Art Mortell, "How to Master the Inner Game of Selling", vol. 10, no. 7.
3. Kent M. Keith, *The Silent Revolution: Dynamic Leadership in the Student Council* (Cambridge, MA: Harvard Student Agencies, 1968).
4. Eclesiastés 4.9-12.
5. Robert Schuller, editor, *Life Changers* (Old Tappan, NJ: Revell).

Capítulo 6
1. Citado en Og Mandino, *The Return of the Ragpicker* (Nueva York: Bantam, 1993).

Capítulo 7
1. *Saturday Review*.
2. Citado en un anuncio, *Esquire*.
3. Mortimer R. Feinberg, *Effective Psychology for Managers* (Prentice Hall Trade, 1976) [*Psicología efectiva para directores y jefes* (Barcelona: Editorial Hispano Europea, 1975)].
4. "The Top Problems and Needs of Americans", *Ministry Currents*, enero-marzo 1994.
5. Tim Hansel, *Holy Sweat* (Waco, TX: Word, 1987), p. 134.
6. Ernie J. Zelinski, *The Joy of Not Knowing It All* (Edmonton, Alberta, Canada: Visions International Publishing, 1995), p. 114.
7. David Armstrong, *Managing by Storying Around*, citado en *The Competitive Advantage*.

Capítulo 8
1. Tom Peters y Nancy Austin, *A Passion for Excellence* (Fontana, 1988).
2. Charles B. Ruth, *The Handbook of Selling* (Prentice Hall).
3. Florence Littauer, *Personality Plus* (Grand Rapids: Revell, 1983), pp. 24–81.
4. Carl Sandberg, *Lincoln: The Praire Years* (Harcourt, Brace & Company, 1926).

Capítulo 9
1. *The Nordstrom Way*, pp. 15-16.

Capítulo 10
1. Joseph Bailey, "Clues for Success in the President's Job", *Harvard Business Review*, edición especial, 1983.

Acerca de los autores

John C. Maxwell es un reconocido experto en liderazgo a nivel internacional, orador y autor que ha vendido más de 13 millones de libros. Sus organizaciones han capacitado a más de 2 millones de líderes en todo el mundo. El doctor Maxwell es el fundador de EQUIP y de INJOY Stewardship Services. Anualmente habla a compañías de la lista Fortune 500, líderes internacionales de gobierno y una variedad de públicos como la Academia Militar de Estados Unidos en West Point, la Liga Nacional de Fútbol Americano y los embajadores a las Naciones Unidas. Un autor de gran éxito de ventas de *New York Times, Wall Street Journal* y *Business Week*, Maxwell fue nombrado el mejor gurú de liderazgo en todo el mundo por Leadershipgurus.net. También fue uno de 25 autores y artistas nombrados para estar en la Sala de la Fama del Décimo Aniversario de Amazon.com. Tres de sus libros, *Las 21 leyes irrefutables del liderazgo, Desarrolle el líder que está en usted* y *Las 21 cualidades indispensables de un líder* han vendido cada uno más de un millón de ejemplares en inglés.

Jim Dornan se educó en ingeniería aeronáutica en Purdue University. Hizo la transición exitosa del aeroespacio al mundo del mercadeo global y es presidente y dueño de Network TwentyOne International. Como visionario empresarial, ha llevado a la compañía a 26 países alrededor del mundo, con seminarios con una asistencia de más de 100,000 personas al mes. Él también es cofundador, junto con John Maxwell, de la organización sin fines de lucro EQUIP Foundation. La singular mezcla de lógica y compasión de Dornan ha influido e impactado positivamente las vidas de casi un millón de personas en todo el mundo.